邪馬台国 再発掘の旅

「距離・方位・日数の謎」が動いた

和田 潤

はじめに

本書は、邪馬台国や卑弥呼に多少なりとも関心のある方には、面白く読んでいただける本です。なぜなら、私が、多少しか知らなかった時点で書きおこし、だんだん認識が深まっていって、ついには邪馬台国のあった場所を明らかにするまでの過程を、包み隠さず丁寧に綴った本だからです。

「書くために読み、書いては読む」をくり返しました。

また、ポイントとなるあの地この地へ旅を敢行し、思いがけない多くの発見につきうごかされながら、おもに「倭人伝」を読解することによって、邪馬台国にたどり着きました。

したがって、かねてより、邪馬台国のことを掘り下げることに心血を注いでおられる方も「ふむふむ」とうなずきながら読みすすんでいただけることと信じます。

ただし、私は本書の中ほどで"邪馬台国探し"に行き詰まります。初めにたてた仮説が、難破、沈没します。その点、あらかじめご了承いただきますようお願いします。

本書の結論は、２０１５（平成二十七）年七月初め、全国邪馬台国連絡協議会ホームページ「私の邪馬台国論」にアップされました。

同協議会は同年八月二十二日、東京の三田で研究発表会を開き、その発表者は七月十二日に行われた抽選会できめられたのですが——倍率二倍——、私は会場をまちがえ、遅刻して駆け込んだにもかかわらず、残りのあみだくじを引かせていただくことができ、しかも、それが「当たり！」だったために、発表会で自説の概要を30分にわたってお話させていただくという僥倖に浴することができたのです。そのとき出席者の方々からいただいた質問に応え、本書で「私の邪馬台国論」の内容を修正しています。

目次

4章　邪馬台国が動いた

▼文中、例外を除き、敬称略とさせていただきました。
▼「倭人伝」の現代語訳は、おもに『魏志倭人伝の謎を解く』(渡邉義浩著 中公新書) から引用させていただきました。
▼漢字の読みがなは巻末に列記した参考図書に依拠しました。
▼古文書の引用部分で、国名、人名などの正字は、例外を除き、現代表記に改めさせていただきました。
▼乗り物の運賃・料金、食事の値段などは２０１５ (平成二十七) 年十月現在です。
▼＊印のある語句については、節の末尾に注釈を記しました。

装丁・本文レイアウト・DTP　いなだゆかり (株式会社 PIG-D'S)
写真　すべて著者撮影

序章　邪馬台国論争入門

（1）定説を覆し　伊都国の比定を見なおす私見*

「南」の謎は解けた

瀬戸内海航路のフェリーに、神戸の六甲アイランドから乗った。

夜が明けて、放送がはいった。

「皆様、本船は只今、宇部《うべ》沖を航行中です。貨物の輻輳による出港遅れと強い向かい風のため20分ほど遅れて、北九州の新門司《しんもじ》には7時20分に、到着します」

窓のカーテンを片手でそっとめくると、海原のかなたに陸地が見える。山口県宇部市の沖を進んでいるのなら、窓は進行方向の左手にあるから、陸地は九州ということになる。――頭のなかに地図を描いてみて、たいへん新鮮な感じがした。東から瀬戸内海を西へ横切って関門を目ざす船旅は、私にとって初めての経験だった。

おだやかな海面がゆるく間断なく後ろへ後ろへ流れていく。陸地の風景も動いている。うすぼんやり見えていたものがだんだんはっきりしてくる――というのではない。山口県沖を進んで九州に接近中というより、福岡県行橋《ゆくはし》市の沖を北へ向かっているのではないか……。

そう思ったとき、目の前を電光が走った。

後に地図を見て確かめたところ、現実は、船の正面に新門司港が近づいていたのだが、視程がよくなかったのと、船ならではの速度に幻惑されて、北へ向かっていると錯覚したらしい。

瀬戸内海の西端に達した船は、針路を北へ変えた……。

しかし、この思いちがいは、一つの啓示であった。

これは「古代史最大の謎」を解くための大きなヒントなのだと思えてきた。

関門をおとずれる旅の時間が、空想と現実、過去と現在を混沌と去来させながら、かすかに渦を巻く。潮流が強風にあおられ、白い飛沫《しぶき》をあげる。吹きすさぶ風、そして揺れ動く水の音が、私の意識を遠く過ぎ去った時へ連れていく。

今からおよそ一八〇〇年前、女王・卑弥呼《ひみこ》の時代へ――。

*倭《わ》の女王・卑弥呼が住む倭の都・邪馬台国《やまたいこく》は、大和にあったのか、それとも、九州にあったのか……。

啓示にしたがって突っ走れば、いや、船と同じくらいの速度でゆったり、あせらず進めば、歴史の大海のよどみの先に、一筋の海峡をきり開くことになるかもしれない。

話の舞台は三世紀の倭、および海の向こうの半島と大陸である。

ヤマト政権が奈良盆地に成立し、ほぼ全国を統一する、そのわずか前の時代、倭には三〇余の小国家があったといわれる。それを邪馬台国がまとめていた。二世紀後半に起こった「倭国大乱」の末、三〇余の国々は、卑弥呼を「共立」して倭の女王としたのだ。

これにより、およそ半世紀にわたる平和が倭におとずれた。

大陸で勢力をのばす魏《ぎ》という国と親善を図るために、卑弥呼は海のかなたへ使節を遣わし、朝貢《ちょうこう》する。

そうしたことの経緯が、『魏志倭人伝《ぎしわじんでん》』に明記されている。

三世紀に、大陸で、陳寿《ちんじゅ》という史官によって編まれた歴史書。

その『魏志倭人伝』のなかに見える「南」の文字が、「邪馬台国は今の大和にあった」と考える人たちの足かせになってきた。「南」の謎解きはたいへん難解であるせいか、現状において「邪馬台国＝大和」説の人たちは、もはや「南」の文字から目をそらしてしまったかのような空気がただよう。

新門司港に着いて醒めた頭で思えば、「大きなヒント」というより、「答え」そのものを私は得ていたのだ。

日本全国をはいまわる「鉄道の旅」を長年にわたってつづけてきたからこそ発見できたのだ——と自負したい。

「南」の謎は解けた。「邪馬台国＝大和」説の最大の弱点は克服された。

＊比定《ひてい》する＝場所や人物像など、まだ解き明かされていない事柄について「だいたいこうだろう」と定めること。『広辞苑』をはじめ、一般の国語辞典は収録していない。歴史学者の専門用語。
＊倭　＝『魏志倭人伝』には「倭」「倭国」「其国」「倭人」が見える。

海の正倉院・沖ノ島

場所は九州、時は現代。——２０１５（平成二十七）年七月末、「宗像《むなかた》・沖ノ島と関連遺産群」を平成二十七年度、ユネスコへの世界文化遺産の推薦候補に国が決定した。

沖ノ島と呼ばれる小さな島が、荒海で有名な玄界灘《げんかいなだ》の真ん中に浮かんでいる。

　　　絶海の孤島。

周囲は約四キロで、住む人はいない。そこに宗像大社の沖津宮《おきつぐう》が鎮座し、たった一人の神官が一〇日交替でつとめについている。古来、女人禁制、島全体が一般の者は立ち入ることのできない神域とされてきた。

沖ノ島には、おびただしい数の宝物が眠っている——と古くから噂されていたという。

１９５４（昭和二十九）年に始まり１９７１（同四十六）年までつづいた学術調査で、なんと、一〇万点にものぼる奉献品が発掘され、そのうちの八万点が国宝に、二万点が重要文化財に、指定された。

「金製指輪」（直径1・8センチ）

「金銅心葉形杏葉《こんどうしんようがたぎょうよう》付雲珠《うず》」（長さ18・3センチ）

「三角縁《さんかくぶち》二《に》神《しん》二《に》獣鏡《じゅうきょう》」（直径22・2センチ）

目にもまばゆい祭祀品の数々がほぼ完全な形で掘り出され、今は、宗像大社辺津宮《へつぐう》に併設の神宝館《しんぽうかん》に収納、展示されている。

沖ノ島は、以後「海の正倉院」と呼ばれるようになった。

それでは、これらの信じがたい数の宝物は、いったい、いつ頃どのような人たちによって納められたのだろう――。

公式見解では、ヤマト政権がほぼ全国を統一して（四世紀中頃）以降、遣隋使、遣唐使の時代（九世紀中頃）までつづけたとされる。一年に二〇〇点、五〇〇年間――。

けれども、遣隋使船および前期の遣唐使船は、壱岐《いき》、対馬《つしま》を経て黄海《こうかい》へ至っている。沖ノ島のそばを通っていない。

やや唐突ながら、私は思うのである。――「倭人伝」に見える伊都国《いと》は、宗像大社の周りにあったと、考えられないだろうか。

『魏志倭人伝』は、その初めの部分で、*帯方郡《たいほうぐん》から倭人の国々へ行くには、どのように行けばよいか、邪馬台国はどこにあるのか、また、女王・卑弥呼が統《す》べる国々の風土、風物、風俗、役人の官職名などは、それぞれいかようになっているのかということについて順序だてて記している。

朝鮮半島の西岸にある帯方郡を船出したなら、海岸に沿って進み、韓の国々をとおり、朝鮮半島の南端にある狗邪韓国《くやかんこく》まで行く。そこから対馬海峡をわたり、対馬、壱岐を経て、まずは九州の北岸の国に上陸するというのが『魏志倭人伝』の示す道筋だ。

*対海国《たいかいこく》、*一大国《いちだいこく》、末盧国《まつろこく》、伊都国、奴国《なこく》、不彌国《ふみこく》、投馬国《つまこく》の順で進めば、その先に邪馬台

国があると『魏志倭人伝』はいう。

『魏志倭人伝』執筆のための報告書を提出するよう陳寿に求められた使者は、役目の性質上、対海国の次に、一大国について言及したのであろうと思われるが、通常の往来は、一大国にも末盧国にも寄らずに、今の宗像市・福津《ふくつ》市を目ざしたにちがいない。

宗像大社は沖津宮、中津宮、辺津宮の三つの宮から成り、中津宮は九州本土の海岸に近い島に、また、辺津宮は海辺に近い平地にある。『宗像市史』によれば、自然条件に制約されて参拝が容易ではない沖津宮の遥拝所として辺津宮と中津宮がたてられたのであり「社殿の造営は奈良時代末、平安時代初めの頃に始まったと考えてよい」そうだ。

伊都国は、宗像大社の周りにあった――と考える根拠として、『*和名抄《わみょうしょう》』の「宗像郡《むなかたのこおり》」についての解説のなかに「怡土《いと》」の文字が見えることをあげたい。

古代、宗像郡には一四の郷《さと》があり、そのうちの一つが「怡土」と呼ばれた――と『和名抄』に書かれている。――この記述を、私は以下の三冊のなかに発見した。

『角川日本地名大辞典40 福岡県』（角川書店）

『日本歴史地名大系41 福岡県の地名』（平凡社）

『日本の古代3 海をこえての交流』（中央公論社）

古代において「いと」は、今の糸島《いとしま》半島の一帯のほかに、宗像にもあったのだ。

宗像大社神宝館発行のリーフレットに「当大社の創始は我国の形成期、神話の時代まで遡りますが、御鎮座の正確な年号までは定かではありません」とある。

沖ノ島は神代の昔から玄界灘に浮かんでいた。使者や商人による倭と半島・大陸とのあいだの行きかいは四世紀を待たずに盛んになった。沖ノ島は願ってもない航路標識であり、おのずと「神宿る島」とあがめられるようになった。

神宝一〇万点。——航海の神様として、すでに倭の女王から篤く信仰されていたと考えるなら、さほど不可解な数ではなくなる。なにしろ邪馬台国は魏へ何度も使者を送り、朝貢している。魏も、帯方郡を介して、回賜の使者を派遣している。

その証拠に、伊都国には、海をわたってくる使者を歓迎するための館《やかた》が設けられていた。

また、伊都国には「一大率《いちだいそつ》」が置かれていた。「一大率」は対海国、一大国、末盧国、伊都国、奴国、不彌国など北部九州の国々を監察することを役目とした役人である。大きな権限が付与されていたものと考えられる。邪馬台国が派遣した——とするのが一般的な解釈である。

『魏志倭人伝』の初めのほうと、中ほどに、伊都国に関して、次のような記述が見える。


……世有王。皆統属女王国。郡使往来常所駐。

(世々王有り。皆、女王国に統属す。郡使往来するに、常に駐まる所なり。)

……特置一大率。検察諸国。諸国畏憚之。常治伊都国。

(特に一の大率を置き、諸国を検察せしむ。諸国、之を畏憚《いたん》す。常に伊都国に治す。)

伊都国は、三世紀の倭において、邪馬台国に次いで、あるいは並んで枢要な国だったのだ。

＊帯方郡　＝「倭人伝」に書きとめられた頃の帯方郡は魏が、後に晋が支配する地であった。帯方郡は現在のソウルを中心とする一帯、また、狗邪韓国は釜山を中心とする一帯と考えられている。

＊対海国／一大国　＝書写されて今日まで伝わる『三国志』は数種類あって、「対馬国」と記すもののほか「対海国」と記すものもある。「一大国」と記すものと「一支国」と記すものに分かれる。

＊『和名抄』　＝平安中期（９３０年代）に編まれた（百科事典に近い）漢和辞典。『和名抄』は略称で、正式には『和名類聚抄』という。

地図を開き、海の上に直線を引いてみると――

そして「宗像・沖ノ島と関連遺産群」には、神宝一〇万点だけでなく、驚くべき事実がもう一つ秘められている。

宗像大社の祭神は、あの『日本書紀』に見える「天照大神《あまてらすおおみかみ》と素戔嗚尊《すさのおのみこと》の誓約《うけい》」から生まれた三女神である。辺津宮に市杵島姫神《いちきしまひめのかみ》、中津宮に湍津姫神《たぎつひめのかみ》、沖津宮に田心姫神《たごりひめのかみ》が祀られている。

三女神の心は「和魂《にぎたま》」「荒魂《あらたま》」（２３０ページ参照）によって、かたく一つに結ばれているにちがいない。

というのも、海上に不思議な「一本の直線」が引かれているからだ――。

宗像大社の辺津宮と中津宮を直線で結び、その直線を北へのばすと、沖ノ島に達する。さらにその直線を北へのばすと、朝鮮半島の釜山《プサン》に至る。いいかえるなら、宗像大社辺津宮と釜山を結ぶ直線の上に沖津宮と中津宮がある。

地図上に、狗邪韓国、対海国、一大国、末盧国、伊都国、奴国、不彌国の位置を落としていく作業をしていて、私はこの「一本の直線」を発見した。

古代において、朝鮮半島の南端を出港した船は、対馬に寄港した後、壱岐へ船首を向けるのではなく、宗像、すなわち伊都国を目ざしたものが多かったにちがいない。荒波の玄界灘を、果敢にわたったただろう。ありがたいことに釜山と宗像を結ぶ直線上に小さな無人島があった。この島を目印にして、対馬海流に流される分だけを補正しながら進めばよかった。

立ち入り禁止といっても天候が急変したようなとき、沖ノ島は、避難場所となった。

沖ノ島が航海の神様となるのは必定である。

一衣帯水の地とはいえ、航路の中ほどに、目視できる孤島があるとなれば、あちらから倭を目ざす者たちにとっても信仰の対象となったであろう。

沖ノ島まで、宗像市の海岸から三〇浬《かいり》(55・5キロ)。沖ノ島の山は標高約二四四メートル。宗像市の港を船出すると、視程のよい日は、すぐ見えてくる。沖ノ島をかすめると間もなく、対馬が左前方に堂々とした姿を現す。

伊都国（宗像）～沖ノ島～対海国（対馬）～狗邪韓国（釜山）と、古代の船がたどったコースを、私は「沖ノ島路」と名づけたい。「沖ノ島路」は古代における国際幹線航路であった。

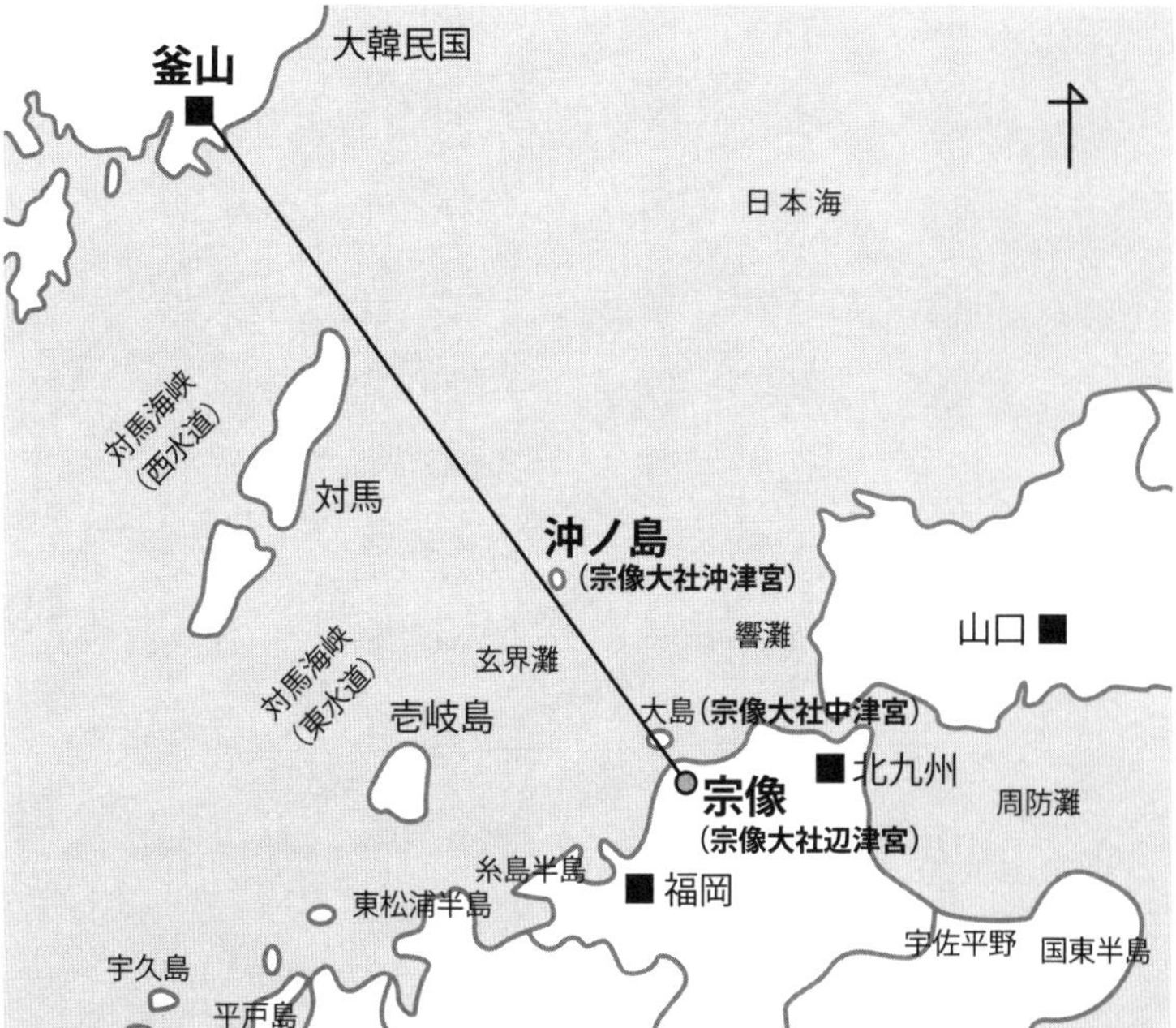

（2）南へ水行二十日、南へ水行十日 陸行一月

「倭人伝」にある「南」が邪馬台国論争を呼んだ

邪馬台国は、今の大和にあったのか、それとも、九州にあったのか……。「沖ノ島路」を航海した船は、さらに瀬戸内海へはいったのか、はいらなかったのか……。その解明のために、不彌国《ふみこく》の占める位置はたいへん大きいのではないかという予見。

時についていえば、邪馬台国の時代は二世紀末および三世紀ということで学問的に確定している。ただし、三世紀前半を弥生《やよい》時代の最終盤とする学者もいれば、すでに古墳《こふん》時代が始まっていたとする学者もいる。

邪馬台国論争の第一歩は、なんといっても『魏志倭人伝』である。『魏志倭人伝』に「倭」「倭国」「其国」「*倭人」が見える。「倭」「倭国」「其国」は当時のわが国のことで、「倭人」はそこに住む人たちをさす——という理解で、入門段階はかまわないと、私は思う。

『魏志倭人伝』はまた、かつて倭には一〇〇余の小国家があったが、今は三〇ヵ国を卑弥呼が統べると記す。

「倭の女王・卑弥呼は邪馬台国に住んでいた。したがって、邪馬台国は倭国の首都だった」と今日の研究者たちはいう。

が晋だ。

＊中国が晋《しん》と呼ばれた時代に、陳寿《ちんじゅ》という史官が、歴史書『三国志』三六巻を書いた。魏《ぎ》・蜀《しょく》・呉《ご》の三国に分かれて壮絶な戦《いくさ》をくり返した後に、中国の統一を果たして生まれた国

なお「中国」の呼称は、『魏志倭人伝』に何度も出てくる。

日本が邪馬台国の時代に、中国は三国時代だった。魏・蜀・呉の覇権をかけて、諸葛孔明《しょかつこうめい》、劉備《りゅうび》、曹操《そうそう》、孫権《そんけん》といった英雄が活躍する『三国志演義』は、後年につくられた物語である。それと区別するために、陳寿の『三国志』を「正史」と呼ぶ。

その「正史」三六巻は、いうまでもなく漢字だけで書かれているわけだが、その文字数は、なんと三七万字にもおよぶそうだ。「正史」のなかに「烏丸鮮卑東夷伝倭人条《うがんせんびとういでんわじんじょう》」と題した一節があり、その「東夷伝倭人条」を日本では『魏志倭人伝』あるいは「倭人伝」と通称してきた。

一般には『魏志倭人伝』であり、高等学校の日本史の教科書では「魏志」倭人伝と表記されている。本書は以下、「倭人伝」と略記していくことにする。

三七万字の「正史」のなかで「倭人伝」には、約二千字があてられているにすぎない。

「倭人伝」は、すでに古代において日本に伝わり、その記述内容に対して『日本書紀』が反応している。遣唐使の学僧が『三国志』を中国で購入してもち帰ったのだろう。

南北朝時代（十四世紀の中頃）には＊北畠親房《きたばたけちかふさ》も言及するが、本格的に邪馬台国論争が巻きおこるのは江戸期にはいってからだ。

大和説と九州説が十八世紀以降、対峙するようになった。

まず儒学医の*松下見林《まつしたけんりん》が大和説を唱え、儒学者の*新井白石《あらいはくせき》がこれにつづき、次いで国学者の*本居宣長《もとおりのりなが》が九州説を唱えた。

新井白石は十八世紀の初めに、また本居宣長は十八世紀末に論を発表したので、両者が面と向かって意見をたたかわしたわけではないが、ここに「古代史最大の謎」をめぐる論争、すなわち邪馬台国論争の火蓋が切って落とされた――といわれている。

それでは、論争は、いったいなぜ始まったのか――。

いちばん大きな問題は、「倭人伝」が以下のように記した「南」の文字にある。


……東行至不彌国百里。

（東に行きて不彌国に至る百里。）

……南至投馬国。水行《すいこう》二十日。

（南して投馬国に至る。水行すること二十日。）

……南至邪馬台国。水行十日。陸行《りくこう》一月。

（南して邪馬台国に至る。水行すること十日。陸行すること一月。）


「邪馬台国は大和だ」と主張する論者たちに対して、右の二行のなかに記された「南」を明確に説明するよう、九州説の論者たちは求めつづけてきた。不彌国を離れたあと、水行二十日、水行十日陸行一月。合わせて二《ふた》月。そんなに南へばかり向かっていては、とても大和には至らぬではないかと……。

今日まで、この問題に明快な答えは出されていなかったのである。大和説から「南」の謎解きは示されていない。大和説の論者のだれ一人として「南」を解明できていない。

＊倭人＝作家の松本清張は、その著書『邪馬台国 清張通史①』で、次のような異論を展開している。
――『魏志倭人伝』の初めに出てくる「倭人」は「倭の国」の意。また「倭」という国が朝鮮半島の南岸にもあった。

＊中国が晋と呼ばれた時代＝265年に晋、建国。都は洛陽。この国は317年までに滅び、建康（後の南京）を都とする晋、建国。これにより、以前の晋を西晋、以後の晋を東晋と呼ぶようになった。

＊北畠親房＝1293～1354年。南朝の中枢の一人として活躍し、南朝の正統性を論じる『神皇正統記』を著した。

＊松下見林＝1637～1703年。『異称日本伝』を著し、邪馬台国に言及した。

＊新井白石＝徳川六代将軍・家宣に召しかかえられ、老中にも負けぬ政治手腕を奮って「正徳の治」を十八世紀初頭に行った高名な人物。1657～1725年。

＊本居宣長＝1730～1801年。

忘れられた黒塚古墳、今をときめく纒向遺跡

邪馬台国論争の解明に、やがて考古学が加わってくる。

考古学研究者の全国的な組織が生まれるのは戦後である。周知の登呂遺跡の発掘を機に1948（昭和二十三）年、日本考古学協会が結成されている。

また「文化財保護法」の制定が1950（昭和二十五）年。

以来、新たな土木工事、建築工事の現場で、埋蔵文化財の有無を確かめる発掘調査が、杭打ちの前に行われるようになった。

遺跡は、農地の開墾にともなって発見されることもあるが、やはり、高度経済成長やバブル経済の到来にともなう建設工事――その開始前の調査によって急速に進展したのであり、わずか五〇年ほどのあいだに、考古学は驚くべき成果をあげた。古代の姿が、全国各地で次々と明らかになり、相互の関連性もいわれるようになっていった。

九州の有名な吉野ヶ里《よしのがり》遺跡にしても、工業団地の造成にともなう事前調査で発見されている。

「乱開発」の言葉が示すように、土木工事が優先され、遺跡発掘・保存の手だてがないがしろにされた地区も全国に少なくない。

そして、奈良盆地では、近年、三世紀の姿を伝える遺跡の発掘が進展した。

天理《てんり》市の黒塚古墳で三角縁神獣鏡《さんかくぶちしんじゅうきょう》が三三面、出土して大きな話題となった。

1997（平成九）年から翌1998（平成十）年にかけてのことだ。1998（平成十）年一

月に行われた現地説明会には、二万人もの歴史愛好家がつめかけたという。

「邪馬台国大和説の正しさが、三角縁神獣鏡の大量発掘で証明された」といった意味のことがいわれ、私も早速、現地へ行ってみた。ＪＲ西日本の奈良駅で、奈良線を走る電車から桜井線の電車へ乗りかえて20分少々、柳本《やなぎもと》駅下車、歩５分。民家の壁に貼られた「ようきやはったね　卑弥呼の里　柳本へ」の文字が迎えてくれた。

「倭人伝」の終りのほうに、こう書かれている。

……又特賜汝紺地句文錦三匹。細班華五張。白絹五十匹。金八両。五尺刀二口。銅鏡百枚。真珠、鉛丹各五十斤。皆装封付*難升米《なんしょうまい》・*牛利《ごり》。

（また特に汝に紺地の布地にジグザグ模様のある錦三匹、細かい花模様をまだらに出した毛織物を五張、白絹を五〇匹、金を八両、五尺の刀を二振り、銅鏡を百枚、真珠・鉛丹それぞれ五〇斤を賜与し、みな包装のうえ封印して、難升米と牛利に託す。）

２３９（*景初《けいしょ》三）年、難升米、牛利という名の使者が玄界灘・対馬海峡をわたった。大陸の洛陽へ至り、魏の皇帝に謁見し朝貢した。邪馬台国から魏への初の使節であった。

ちなみに、皇帝の名は*明《めい》帝といい、この直後に崩御している。

「倭人伝」の右の引用は、卑弥呼の朝貢に対する明帝の反応の部分である。

「卑弥呼が明帝からもらった『銅鏡百枚』の三分の一が、このたび柳本で見つかったのだ」と、みんな大喜びしたのである。

古墳の前にたてられた天理市教育委員会による案内板も、「今回の調査結果は、初期ヤマト政権の成立を究明する重要な資料となるでしょう」と、興奮気味であるように思われた。

邪馬台国論争は、1998（平成十）年の時点で、こういう状況にあったことをおさえておこう。二〇年足らず前まで、「邪馬台国＝大和」説の多くの人たちが「黒塚古墳は卑弥呼の墓だ」と考えていた。

「鉄道の旅」を専門とする文筆家として、JR西日本の桜井線について語るとき、沿線の三輪そうめん、三輪山、「山《やま》の辺《べ》の道」や大和三山《さんざん》のほかに、三世紀の三角縁神獣鏡三三面のことを知らないと話にならないだろう。——そういう思いで、私は柳本駅におり立ったのであるが、それは昨日のことであったような気がする。

ところが、その後の研究発表により、黒塚古墳出土の三角縁神獣鏡は倭でつくられたのであろう、当時の大陸で同様の鏡がつくられた形跡はない——という説が有力となり、柳本の黒塚古墳は、すっかり忘れ去られてしまうのである。

そのかわりといおうか、みんなの注目を一身に集めるようになった遺跡が、柳本の黒塚古墳と「目と鼻の先」の位置にある桜井市の纒向《まきむく》遺跡である。

＊難升米＝「なしめ」「なんしょうみ」などの読み仮名をふる本もある。
＊牛利＝「ぎゅうり」「ぐり」などの読み仮名をふる本もある。
＊景初＝魏の年号。西暦237～239年。
＊明帝＝卑弥呼の使者に制・詔をあたえた直後に崩御し、二ヵ月後に曹芳帝が即位している。難升米と牛利は、曹芳帝に謁見した可能性も高く、卑弥呼を「親魏倭王」に封じた皇帝の名を明記していない解説書も多い。

文献史学＆考古学＆『古事記』『日本書紀』

柳本駅から1・6キロ、お隣の巻向《まきむく》駅が、纏向遺跡の最寄り駅である。

巻向駅の周りに古墳が一〇基近く桜井線の線路をはさんで集まっており、これらを纏向古墳群と呼ぶ。この古墳の集中する東西約2キロ、南北約1・5キロにおよぶ一帯を、纏向遺跡という。なにしろ纏向遺跡は、1971（昭和四十六）年に始まり一八〇次以上にわたってつづく発掘調査の成果から、今日「ここは日本最初の都市だった」と考えられるよう

倭迹迹日百襲姫《やまとととひももそひめ》が眠る、ご存知、箸墓古墳。桜井線の電車がすぐ脇を駆けぬける。

になっている。

一〇基近くある古墳のうち、桜井線の線路に近い箸墓《はしはか》古墳が、近年、脚光を浴びるようになった。それは、2008(平成二十)年、この古墳をとり囲む外濠跡が発見されたからである。

幅が70メートルもある大規模な濠である。

「ついに卑弥呼のほんとうの墓が見つかったのだ」とみんな大喜びした。

翌2009(平成二十一)年には、方位と軸線をそろえた三世紀の「大型建物群」の跡が纏向遺跡で発見された。

こうして「倭国の首都・邪馬台国は、奈良盆地の東南端、纏向の地にあった」とする論が華々しく全国へ、たてつづけに発信されるところとなった。

つまり、考古学の研究が文献史学をあっという間に追いぬき、その成果によって「邪馬台国は大和にあった」が、大きく前へ躍りでたのである。

「倭人伝」で、大和説の前に壁となってたちはだかる「南」の文字には、もうみんな見て見ぬふりを決め込んだかのようだ……。

そもそも「倭人伝」には、首をかしげざるを得ない記述があちこちに見られ、「倭人伝」への不信感が論者のあいだで昔からささやかれている。

記述の端々への疑問符だけでなく、「倭人伝」に見える距離・日数・戸数などの数字に対する全否定の見解も発表されてきた。中国古代史研究者の岡田英弘が「方位、里数、戸数は『親魏倭王』の副産物だからまったく信用してはいけない」と邪馬台国研究者たちへ助言を寄せている。また、作家の松本清張が、「観念的数字」「陳寿がでっちあげた虚妄の数字」と断じている。

この点について詳述すると、世界が途方もなく広がって、入門段階の人は投げ出したくなるにちがいないので、検討は4章まわしとしたい。

このところ「文献史学と考古学は車の両輪」とか「キャスティングボートはあくまでも文献研究がにぎっている」といった主張が目立つ。邪馬台国論争をめぐって「文献史学 対 考古学」という図式が一つある。

今日では「考古学の立場にたてば、邪馬台国は纏向遺跡で決定した」とさえいわれている。それでは「考古学の立場にたてば、邪馬台国は九州にはなかった」が学問上の常識となったのか……。九州で今後、重要な古代遺跡が新たに発見される可能性はゼロなのか……。

たとえば、文献学の研究者から「纏向遺跡の箸墓古墳が卑弥呼の墓であるはずはない」との反論も出されている。その理由は、箸墓古墳が前方後円墳《ぜんぽうこうえんふん》であるのに対して、「倭人伝」は、最後のところで、こういっているからだとする。

……卑弥呼以死。大作冢。径百余歩。

（卑弥呼が亡くなったので大いに墓地をつくった。直径は一〇〇余歩。）

このくだりでわかることは卑弥呼の墓が円墳であること。前方後円墳であれば、その大きさは墳丘長で表すのであり、わざわざ円の部分だけをとって直径をいうことはしないと。

また、今日の考古学は、「炭素14年代測定法」なるテクノロジーを開発し、掘り出した遺物の供用年代を、かなり高い精度で知ることができるようになっているという。遺物に残留する放射線の原子の数を数えるのだそうだ。しかし「炭素14年代測定法」では同じ場所で出土した遺物のうち「試料として用いたもの」次第で年代は大きく異なっているのであり、この方法が「科学的」といえるのかどうか……。誤差の幅という点では「統計的年代論」による推定のほうが「炭素14年代測定法」のそれより、はるかに小さい——と古代史研究家の安本美典《やすもとびてん》は論じる。

そして、文献研究においても、従来の「倭人伝」だけに依拠して邪馬台国の位置を比定するあり方をのり越えて研究対象を広げることの大切さがいわれるようになっている。検証の方法についても「前人未踏のアプローチ」が必要であると……。

もちろん、文献研究者と考古学者は反目しあうのではなく、同じテーブルについて議論する。——それをつづけた先に、邪馬台国の真実が浮かびでるのではないか。——そういう考え方が今日、大きく広がっているように思われる。

戦後、歴史学の研究室から消えた『古事記』『日本書紀』が、周知のように近年になって見なおされ、これを手がかりとして古代史の闇に光をあてようとする研究が盛んになっているのもそうした事情を反映しているのかもしれない。

巻向駅の近くにたつ纒向遺跡の案内マップ。

たとえば、井沢元彦は、「『ひかり』を経て『にちりん』へ」の言葉で表される奥深い思索によって小説『卑弥呼伝説』を書きあげ、「倭人伝」の「旅程記事には一切ふれずに」邪馬台国の位置を比定することに成功している。１９９０年代初めのことだ。

（3）邪馬台国論争の系譜

「倭人伝」の文字を恣意的に読みかえた歴史学者たち

「倭人伝」が記録する邪馬台国は、大和にあったのか、それとも九州にあったのか――。

すでに述べたように、邪馬台国論争は今から二〇〇年以上前に幕を開けた。

二十世紀にはいっても歴史学者による「倭人伝」への論及は行われ、*内藤湖南《ないとうこなん》、*白鳥庫《しらとりくら》吉《きち》、*高橋健自《たかはしけんじ》、*榎一雄《えのきかずお》といった学者たちの名と、その業績が伝わる。

大正期に、*和辻哲郎《わつじてつろう》が『日本古代文化』で東遷説を本格的に展開し、論争はすこし複雑になった。近年、安本美典の努力で東遷説への一般の関心も高まっている。

邪馬台国は大和にあったとする論者たちは、飛鳥文化、白鳳文化、天平文化が花開く「大和の地にこそ倭国の首都はあった」と考えるべきであり、「邪馬台国が後のヤマト政権へつながっていくのである」とする人が多い。

それに対して、九州説は「弥生文化とて、まず初めは九州に伝播した」のであって、新しい文化の多くは「大陸から朝鮮半島経由で九州に伝わり、それが徐々に東へ広がっていったではないか」と主張する。

『三国志』「東夷伝倭人条」、つまり「倭人伝」は邪馬台国と同時代の三世紀に書かれている。『三国志』の編著者・陳寿は倭へきていない。使者に報告書を提出してもらい「東夷伝倭人条」を書き綴った。別の史官が書き、すでに存在していた『魏書』『魏略』『呉書』などの歴史書も参考にし、引用すべき部分はどしどし引用した。

さらに、陳寿は制《せい》・詔《しょう》を読める立場にあった。制・詔とは、天子の命令書であり国家が保管する文書であるから、歴史的な価値、信頼度はひじょうに高いといわれる。

陳寿の書いた『三国志』は、もちろん印刷されて多数発行されたわけではない。写本という形で伝わった時間が、およそ一〇〇〇年におよぶ。国家の責務として、三七万の漢字を、その道の者に筆で書き写させ、後世に伝えたのだ。おのずとその過程でまちがいも生まれただろうという推測が成り立つのである。

そこで、大和説の論者のなかには、「南」は「東」の誤りだと唱える人が現れた。

新井白石ではない。新井白石は正徳《しょうとく》年間に『古史通或問《こしつうわくもん》』と題した論文を著し、そのなかで、邪馬台国連合の三〇ヵ国を、当時の地名に照らしながら比定してみせた。たとえば、対海国は今の対馬、一大国は壱岐、末盧国は松浦というふうに。ほぼ半分を九州に比定し、投馬国だけは「まだはっきりしていない」と述べている。大和説を唱えた新井白石に反論して、『古事記伝』で有名な本居宣長が九州説を唱えた。安永《あんえい》年間に『*馭戎慨言《からおさめのうれたみごと》』を著し、そのなかで、卑弥呼は「われは神功皇后《じんぐうこうごう》のつかいである」と偽って魏と交渉したのであって、卑弥呼は熊襲《くまそ》など九州の豪族の首長だった——と論じた。国学者の本居宣長としては、倭の王が大陸の皇帝に朝貢したと論じること自体、承服しかねたのだろう。

本居宣長の言葉のなかにある「卑弥呼は『われは、神功皇后のつかいである』と偽って」の神功皇后は『日本書紀』に登場する仲哀《ちゅうあい》天皇の皇后である。また、周知のように『日本書紀』は唐にならって日本国の形がほぼ整った頃（七世紀後半）朝廷によって編纂が始まり、奈良に都がおかれた時代に完成した歴史書である。同類の書に『古事記』がある。どちらも、日本国の始まりを説いている。

それで、神功皇后、本居宣長、邪馬台国がどのように結びつくのか——といえば、『日本書紀』は「倭人伝」にも言及し、「神功皇后が卑弥呼である」という見解をにおわせながら「邪馬台国は大和にあった」という内容のことを書き記しているのである。

しかし、今日では「神功皇后の時代と卑弥呼の時代は一〇〇年ほどずれている」という説が主流になっているという。いや、歴史学者の大半は「神功皇后は実在しない」と考えている。

大和説を唱えた新井白石であるが、実は、前言をひるがえし「邪馬台国は九州の筑後国山門《やまと》郡にあった」と、九州説を展開する『外国之事調書《がいこくのことしらべがき》』という本を書いている。

新井白石の方向転換は「晩年」と説明する人が多い。しかし、国立国会図書館は1998（平成十年）に開いた「第八五回常設展示 邪馬台国論争」で、1722（享保《きょうほう》七）年頃としている。これが正しければ、白石の変節は『古史通或問』発表から五年そこそこのことになる。

いずれにしろ、白石の〝迷走〟の原因の一つは、やはり「倭人伝」の「南」にあったといってよいだろう。

いや、「南」に限らず、先にのべたように「倭人伝」には「まさか」と思われる記述が散見され、今日まで論者の大半が「倭人伝」に対する不信感を多かれ少なかれ口にしている。

いぶかしいといわざるを得ない理由の一つとして、「魏の使者は伊都国までしかきていない、卑弥呼に会っていない」ことを今日なお多くの論者があげる。「倭人伝」の「伊都国よりあとの記述内容は、使者が伊都国にしばらく滞在し、一大率などから聞き出したことであるから、不正確なのだ」と説く。「倭の地理、地誌、風俗などについて、真《まこと》のことを、一大率が使者にペラペラしゃべったはずはない」という考え方だ。

使者は邪馬台国まできたのか、こなかったのか。――ここはたいへん重要な分岐点なので、あとで詳しく考察することにしたい（121～123ページ）。

『外国之事調書』および『馭戎慨言』以来、学者の大半が九州説に寄りそったが、明治末期になって内藤湖南が大和にひき戻す論文を発表した。

そしてその直後、白鳥庫吉が九州説を発表し、東と西を代表する二人の東洋史学者が、がっぷり四つに組んで邪馬台国論争を展開するところとなった。

内藤湖南は「倭人伝」のいう「南」には「東」が含まれるのだとした。

白鳥庫吉は「倭人伝」のいう「陸行一月」は「陸行一日」の誤りだとした。

ただし、この点に関しては、本居宣長が『馭戎慨言』ですでに「投馬国より女王の都まで、水行十日、陸行一月といへる、水行十日はさもありぬべし、陸行一月はいと心得ず、月の字は日の誤なるべし」と述べている。

内藤湖南は、対海国に始まる六ヵ国を、新井白石と同様、以下のように比定した。

対海国――対馬国　一大国――壱岐国　末盧国――肥前松浦郡

伊都国――筑前国恰土郡　奴国――筑前国那珂郡博多辺　不彌国――宇瀰《うみ》

そして投馬国を*周防国佐婆郡《さばぐん》玉祖郷《たまのおやごう》に、邪馬台国は大和国に比定し、そのあとに列記されている国々は近畿地方、中部地方の各地に比定した。終りのほうの支惟国《きいこく》は吉備国に、烏奴国《おなこく》は備後国に比定した。

これに対して、白鳥庫吉は、考古学の雑誌で「邪馬台の地点は、適確にはわからぬ。もし強いて求めるならば、肥後ならばその北部、筑後ならば南部であろうと思ふ」と述べている。

やがて、日本の歴史をめぐる自説の発表は、社会の流れに竿さす説でなければ、その発表を国家が許さない言論統制の暗い時代にはいるが、トンネルをぬけて公布された「日本国憲法」が思想信条の自由、表現の自由を保障したことから、邪馬台国論争は新たな展開をみせる。

「放射式行程説」を、榎一雄が昭和二十二（1947）年に発表した。

ただし、この説はすでに戦前に唱えた人がいた。その業績に榎一雄は言及していない。

1922（大正十一）年に豊田伊三美が、また1927（昭和二）年に安藤正直が、伊都国を基点として、その後の国々へは道筋が分かれるという説を発表している。

ともあれ、榎一雄の名と論は、大きな波紋を広げた。それまで、ほとんどすべての研究者が「国々は直列している」としか考えていなかったのだ。

「放射式行程説」は、伊都国を基点に、奴国、不彌国、投馬国、邪馬台国は別個の方角へ広がっているという説である。今でいえば、私鉄の駅を中心に放射状に道路がのびる郊外住宅地のように……。

＊内藤湖南＝1866（慶応二）年～1934（昭和九）年。大和説発表当時、京都帝国大学教授。東洋史専攻。本名、虎次郎。現在の秋田県生れ。秋田師範学校卒。

＊白鳥庫吉＝1865（元治二）年～1942（昭和十七）年。九州説発表当時、東京帝国大学教授。東洋史専攻。現在の千葉県生れ。東京帝国大学卒。

＊高橋健自＝東京帝室博物館学芸員。考古学者として初めて邪馬台国論争に参入した人。

＊榎一雄　1871（明治四）年〜1929（昭和四）年。

＊和辻哲郎　＝1913（大正二）年〜1989（平成元）年。放射状行程説発表当時、東京大学教授。東洋史専攻。神戸市生れ。東京大学卒。

＊『馭戎慨言』　＝1889（明治二十二）年〜1960（昭和三十五）年。兵庫県生れ。東京帝国大学卒。哲学者、倫理学者。

＝「ぎょじゅうがいげん」と読み仮名をふる本もある。

＊周防国佐婆郡玉祖郷　＝玉祖は現在、山口県防府市内にある。

〝古代史ブーム〟の到来

さて、ここまでは、名だたる学者たちのあいだでの意見交換だった。

黒塚古墳の現地説明会に二万人もの参加者がつめかけ、また、佐賀県の吉野ヶ里遺跡の場合、1989（平成元）年のピークの一日に一〇万三〇〇〇人もの見学者を集めたといった、いわば〝古代史ブーム〟は、宮崎康平《みやざきこうへい》著『まぼろしの邪馬台国』（講談社）の刊行を契機として巻きおこったといってよい。

同書は、郷土史研究家や歴史愛好家を奮いたたせるきっかけとなった忘れることのできない名作である。1966（昭和四十一）年に初版が、また、新版が1980（昭和五十五）年に発売され、いずれもベストセラーとなった。

その伏線として、松本清張著、1964（昭和三十九）年発表の『陸行水行』や、ほぼ同時期における久保泉（219ページ参照）の研究発表などがあったことも見逃せない。

戦後復興、高度経済成長の流れのなかで、古代史への関心が高まっていた。

「邪馬台国＝九州」説を唱え、邪馬台国論争に新たな地平を切り開いた功労者、宮崎康平は、長崎県の私鉄・*島原鉄道の元重役である。ご存知ではない方のために、名作発表までの経緯をざっとふり返っておくと——。

長崎県下に昭和天皇の巡幸があり、雲仙《うんぜん》温泉もご視察になるという情報を得た宮崎康平は、なんとしても島原鉄道にご乗車いただこうと考え、孤軍奮闘、東奔西走し、八面六臂の活躍、粉骨砕身の努力の末、とうとう「お召し列車」の運転を現実のものとする。けれども、ドクターストップに応じる余裕すらもてずに働きつづけた過労から、晴れの日の直前、両目の視力を失う。

県や国の役人たちに「線路規格の低いオンボロ鉄道に『お召し列車』を通すわけにはいかない」とさげすまれ、かえって発奮した宮崎康平は、レールを一つ上のランクのものに短時間で一新するという大事業にのりだしたのだ。線路の強化は、島原鉄道の輸送力増強のためにも、かねてより懸案とされてきたことだった。それを実現するよい機会だと考えた。島原鉄道は、旅客輸送だけでなく、島原半島の農業に欠かせない貨物輸送路でもあった。

線路規格を向上させた島原鉄道に「お召し列車」が走ったのは、終戦から間もない1949

（昭和二十四）年五月のことだ。

ところが、懸命に飛びまわっていたさなか、失明に加え、二つ三つと私的な災難がたてつづけに宮崎康平を襲う。

どのようにしてこれから生きていけばよいのか――。

『新版まぼろしの邪馬臺國』の冒頭に、次のようなくだりがある。

――私の邪馬台国追求は、私自身が生きるために、自己への対決として出発した。戦死者や傷ついたより多くの人々の不幸を知るに及んで、不幸が自分だけのものではないことを知るようになった。歯をくいしばって、夜泣きする子をオロロンオロロンとあやしながら、「島原の子守唄」を作ったのもこのころである。（一部省略）

ここまでの人生劇場は、城山三郎《しろやまさぶろう》著の小説『盲人重役』（角川文庫）に詳しい。

どん底からはいあがった宮崎康平は、夫人の献身的な介護と協力のもと、古代の遺跡、古墳を、白い杖をついて訪ねあるき、邪馬台国を探しもとめ、ついにその場所をつきとめる。

さて、話を元へ戻そう。邪馬台国は九州にあったのか、それとも大和にあったのか……。

「邪馬台国＝大和」説の論者たちによって「南」の謎への考察がまったく行われなかったわ

けではない――ということについて。

三世紀の中国の地理学者が描いたという東洋の地図――「禹貢《うこう》地域図」――その「禹貢地域図」を参考にして十五世紀に描かれたと思われるという「混一疆理歴代国都之図《こんいつきょうりれきだいこくとのず》」なる地図に依拠した論が有名だ。説明の都合上、これを「日本列島南転説」と呼ぶことにする。

「混一疆理歴代国都之図」は京都の私立大学の図書館が所蔵し、これを掲載した〝邪馬台国をテーマとする本〟も出版されている。

大学の教室なら「なんでも試してみる姿勢」こそ尊重されるべきだろうが、「日本列島南転説」を小学六年生に授業で教えたら、みんな大笑いするだろう。

「混一疆理歴代国都之図」では、九州が北、北海道が南に描かれている。日本列島が現実より一二〇度ほど時計回りに南転している。

「日本列島南転説」は「三世紀の中国では、倭をこのようにとらえていたのであり、『倭人伝』のいう『南』に謎はない」とする。

一瞬「なるほど」と思ってしまう。

けれども「日本列島南転説」は「邪馬台国＝大和」説である。

そうであれば、使者は瀬戸内海を「水行」したのであり、水先案内人は「今日も、朝日の昇る方角へ航行することが本義です」と連日説明しただろう。「現実　朝日の昇る方角」へ進んだら「混一疆理歴代国都之図」が示すように「現実　南」の大和へ至った――では、矛盾もはなはだしい。

たとえ古代人といえども、国際航路の船に乗るような人たちが、東西南北の方位に疎かったとは、とても考えられない。いや、羅針盤などない古代である。太陽だけが唯一の頼りだっただろう。「現実 朝日の昇る方角」は、もちろん彼らも「東」という言葉で表した。

「古代の中国人は南のなかに東を含んでいた」とする論は、「太陽の動きに関心を寄せないいま黄海、対馬海峡、玄界灘、瀬戸内海を航海した」というに等しい。

かてて加えて「倭人伝」には「南」のほか、「北」「東」「東南」という言葉が出てくるのであり、八つの方位が認識されていたと素直に読みたい。

「南」と真摯に向きあおうとしない態度が、「邪馬台国＝大和」説への疑念を生む。

＊島原鉄道＝明治末期に、官設鉄道から1号機関車を譲り受けて開業。すなわち、わが国の汽笛一声（新橋駅〜横浜駅）を担った1号機関車（現在、埼玉県の鉄道博物館で保存）を約二〇年間、営業線で走らせた。１９４３（昭和十八）年、諫早《いさはや》駅〜加津佐《かづさ》駅（営業キロ78・5キロ）の長大路線に成長。雲仙普賢岳の噴火災害に際しては、不屈の闘志で耐えぬき、復旧を成し遂げたものの、南側半分の区間が、２００８（平成二十）年に廃止となった。現在の起点は諫早駅、終点は島原外港《がいこう》駅。

1章 「方位」「距離」「日数」全解に至るまで、その前編

（1）海・船・港の実像を求める旅

摂播五泊の一つ、室津へ

邪馬台国は九州にあったのか、それとも大和にあったのか……。「南」への方向転換点である不彌国《ふみこく》が、その解明のための鍵をにぎっているのではないか……。

「倭人伝」に「南」ではなく「東」とさえ書いてあれば邪馬台国論争は起こらなかった。「南」の文字が九州説を生み、近畿説の泣き所となってきた。

その「南」の意味が、２０１３（平成二十五）年十二月、私のなかで解けた。

はっきり言葉にするなら、次のようになる。

「倭人伝」は、「南へ向かって不彌国の港を発すれば、水行二十日ほどで投馬国《つまこく》に至る。南へ向かって投馬国の港を発すれば、水行十日ほどと陸行一月ほどで邪馬台国に至る」といっているにすぎない――と、解釈すればよいのだとわかった。「不彌国の南に投馬国はある。そのさらに南に邪馬台国はある」といっているのではない。

このように「倭人伝」を読めば、魏の使者を乗せた船はその後、針路を東へ変え、瀬戸内海を「水行」したことになる。

もちろん、「南」へ向けて発し、そのまま「南」へ行きつづけて、邪馬台国へ至った――でもよいわけだが……。

ただし、この謎解きを有意とするためには不彌国を関門《かんもん》に比定する必要がある。いや、関門というより、かつての赤間《あかまが》関《せき》（今の下関《しものせき》市の南端）が有力候補地である。

歴史舞台に幾度となく登場する赤間関――。江戸期には、長崎と並び、民も役人もすべて「海」「船」「港」に関わって暮らし、国際色もたたえた西国一の港町だった赤間関――。

これまでの邪馬台国論争で、不彌国への言及がほとんど行われていないことのほか、大和説の論者たちが、投馬国と邪馬台国とのあいだのことについて何も述べていないのも、ふにおちないところである。

私は、長年にわたる「鉄道の旅」の経験から、室津《むろつ》に注目した。「倭人伝」の有名な一節。

……南至投馬国。水行二十日。

……南至邪馬台国。女王之所都。水行十日。陸行一月。

兵庫県の室津は、この「水行十日。陸行一月」の結節点だっ

天然の良港、播州室津。今は瀬戸内海の幸を水揚げする漁村だ。

たと考えられないだろうか。

室津が三世紀の昔に、すでに港町として機能していたのであれば、その可能性は高い。

そんな思いにつきうごかされて、２０１４（平成二十六）年三月の半ば、訪ねていった。

場所をすこし詳しくいえば、国宝で世界遺産の姫路城から西南西へ約20キロの地点である。

奈良時代に、僧の＊行基《ぎょうき》が、摂津と播州に五つの港を整備し「摂播《せつばん》五泊」と呼んだ。室津はその一つである。江戸期には、参勤交代の途次、室津に入港する西国大名が七〇藩にものぼり、本陣が六軒も設けられていたという。

かつての本陣を転用し、「海駅館」と名づけた資料館に、いそいそと足を踏み入れて、私は、まちがいなく雷に打たれた。

巨大絵画が目に飛びこんできた。江戸期の港町を描いた色彩豊かな絵画である。

「オランダ商館長御用船下関入湊図　下関市立長府博物館所蔵」と書いた札が添えられているではないか。原画は下関にあって、それを複写して引きのばしたものらしい。

「室津海駅館」は室津と四つの歴史的事実との関わりを説明する多彩なビジュアル資料を常設展示している。

■廻船（おもに北前船）　■西国大名の参勤交代　■朝鮮通信使の将軍謁見
■長崎出島の阿蘭陀商館長・＊加比丹《カピタン》の江戸参府

「民も役人も、すべて『海』『船』『港』に関わって暮らし、国際色もたたえた港町」が長崎、赤間関のほかに、播州にもあったのだ。

やはり江戸期の本陣を転用したもう一つの資料館「たつの市立室津民俗館」では、歴史年表に記された最初の一行が超然と輝いて、私の足を止めさせた。

――神武《じんむ》天皇が東征の途中、先導役をつとめた賀茂建角身命《かもたけつのみのみこと》が室津にこられて港を創建。

神武天皇は『古事記』『日本書紀』において、九州の日向を発し、豊後《ぶんご》水道、瀬戸内海、紀伊水道を通って、熊野より上陸、大和の地で初代天皇として即位したとされる人物である。時代は紀元前６６０年だといわれる。熊野は、紀伊半島南端の新宮《しんぐう》あたりではなく、和歌山県、紀ノ川の河岸一帯をさすと論じる人もいる。

＊行基　＝６６８～７４９年。各地をめぐり、社会事業に尽力。７４５（天平十七）年、仏教界で最高の地位である大僧正に任じられている。

＊加比丹の江戸参府　＝阿蘭陀連合東印度会社の日本支店、すなわち長崎の出島にあった阿蘭陀商館、その責任者・加比丹は、書記、助役、医師、ときに絵師をともなって毎年一回、江戸へ登った。日本人奉行、通詞、書記、与力《よりき》、料理人などが長崎からお供をして、五九人と定められてもいたようだが、

総勢二〇〇人近くにのぼることもあったという。北部九州の陸路を進んだ一行は、幕府に献上する品などを積んだ御用船と赤間関で合流し、新たに大船団を組んで瀬戸内海を東へ向かった。加比丹は赤間関から大型の帆かけ船「日吉丸」に乗りこんだ。

北前船の白い一枚帆が青空に映える

播州室津で雷に打たれた、その二月後《ふたつき》の2014（平成二十六）年五月、私は、赤間関へ行き、市立長府博物館と市立中央図書館で、貴重な教示を得た。

博物館で入手した冊子二冊と図書館で読んだ『下関市史』に色濃くただよう北前船への共感に心ひかれた。室津で見た「廻船（おもに北前船）」の展示も頭から離れていなかった。

北前船にスポットをあてて「海」「船」「港」を探っていくなら、「倭人伝」の「南」の謎解きに、ある程度、理にかなった説明がつくのではないだろうか――との思いが、私のなかで大きく広がった。

そこで、六月には、庄内の酒田と加賀の橋立に足を運んだ。

酒田市日和山公園の石碑に、荒波にたち向かう北前船が刻まれている。

酒田市の*日和山《ひよりやま》公園で、二分の一の模型だそうだが、北前船の実像を目にすることができた。池に浮かぶ北前船「日和丸」の四角い白帆が青空に映えて、想像していた以上にまぶしかった。

次に酒田市立資料館へ向かうと、最上川《もがみ》で働いた和船《わせん》のものという本物の帆が目を引いた。北前船よりずっと小さな船らしいが、それでも高さが8・7メートル、幅6・2メートルで、資料館の天井から床まで、スペースを大きくとって飾ってある。帆の材質は運動会などでおなじみだったテントの布地に似ている。木綿製とのこと。

1864（元治《げんじ》元）年、五雲亭貞秀作という錦絵「出羽庄内酒田風景」の前でも足が止まった。はるかに男鹿半島、中央に鳥海山と酒田港、手前に鶴岡の城下町――。白い一枚帆の船が酒田港を埋めている。

石川県の加賀市橋立にある「北前船の里 資料館」は、期待どおりたいへん充実した展示と温かな空気で迎えてくれた。

北前船の起こりは年貢米を輸送する公的な廻船《かいせん》だったとい

加賀市「北前船の里資料館」に展示してある船絵馬。嵐と戦って、考えられるすべての手を打った水主たちが、金毘羅様を拝んでいる。

う。江戸初期、秋田・庄内・越後などで産する幕府の御城《ごじょう》米《まい》や大名の藩米が＊西廻りと呼ばれる日本海・瀬戸内海経由の航路で大坂の蔵屋敷へ届けられるようになった。

その後、商人がのりだし、諸国のさまざまな物品を同じ西廻り航路で運び始める。大坂と蝦《え》夷《ぞ》地のあいだを一年に一航海し、登りでも下りでも物品を買って船に積みこみ、各地で売りさばいた。登りでは大半を大坂で売った。北前船の船主のなかには、藩主をしのぐ私財を蓄え、港の近くに豪邸を構える者が、日本海沿岸の各地に続出した。北前船の航路こそは江戸期から明治中期にかけて、もっとも華やかな、富を運ぶ黄金の路だったのである。

航行の形態、役割でいえば北前船。その北前船の大半は、江戸中期以降、白い一枚帆で帆走する木造の＊弁財船《べざいせん》で運航されるようになった。

弁財船はもともと瀬戸内の塩飽《しわく》諸島で生まれたという。

備中《びっちゅう》と讃岐《さぬき》のあいだの海に小島が飛び石のようにたくさん浮かんでいる。これを塩飽諸島と呼ぶ。霧の発生しやすい、船乗りにとっては気のぬけない難所である。塩飽諸島には、古代より海に生きる人たちが住み、高度な航海術を代々、受けついでいたといわれる。

石井謙治著『ものと人間の文化史　和船Ⅱ』（法政大学出版局）は、弁財船の起こりについて、次のようにいう。

——ベザイとは、瀬戸内海を中心に発達した荷船造りの船型呼称で、１５０５（永正《えいしょう》二）年の『船行要術』という村上系水軍書に「内海べザイ作りの船」とあるのが最初。弱い風でも十分の帆走性能を発揮し、操帆が楽で舵効きがよく、頻繁な港湾への出入りも容易。(要約)

このように、弁財船は帆走能力に優れていたので、西廻り航路が開かれて以降、北陸方面の船主も用いるようになったのだそうだ。

＊日和山＝表《おもて》が立って観天望気をする丘。出港して大丈夫の天候であるのかどうかを判断する場所。表の役割を「日見《ひみ》」という。日和山と呼ばれる丘は日本全国、あちこちの港町にある。北前船では航海長のことを表といった。

＊西廻り＝江戸の商人・河村瑞賢が1672(寛文十二)年に整備した航路。

＊弁財船＝弁財船《べざいぶね》、弁才船《べざいぶね》とも表記される。

弁財船の得意技、「間切る」

弁財船は、向かい風であっても前進できる。帆を操って、風上の右へすこし進み、次に左へ進む。これを「間切る《まぎる》」という。走る距離は長くなるが、向かい風に逆らって前方へ行けるわけだ。頻繁に右から左へ、左から右へと進行方向を変えなければならないので、舵《かじ》とりが容易であるよう、舵はひじょうに大きくつくられていた。舵柄も、てこの原理の効果が最大限、現れるよう、思いきり長くしてあった。

しかし、北前船は遭難が絶えなかった。商品の過積みや、*水主《かこ》の人数を最小限に抑えたことなどが原因として考えられるそうだ。

漂流体験のある水主は、強風にあおられて船の白帆がばたばたと音をたて始めると、「わらび手文」を思い出して生きた心地がしなかったという。「わらび手文」とは——。


　雷鳴をともなう稲光によって一瞬、暗黒に浮かびでる高波——。

叫び狂う風雨。その生き地獄で見る高波——。

　　生血をすする悪鬼夜叉のごとき高波——。


*韃靼国《だったんこく》に漂流し、九死に一生を得て帰国した水主の書いた『韃靼漂流記』は、鎖国の日本国内に秘かに広まり、多くの庶民が読んだという。

古代の卑弥呼の時代には、大陸へ使節を送る際、「持衰《じさい》」を乗せた（出港前の数日間は港で待機させた）ことが「倭人伝」に書かれている。一種の鬼道《きどう》、呪《まじな》い、生《い》け贄《にえ》だ。


……つねにある者に、頭髪を梳《と》かず、虱《しらみ》をとらず、衣服は垢《あか》がつき汚れ……

……肉を食わず、婦人を近づけず、服喪中のようにさせる。

……これを名づけて持衰という。もし航行が順調であれば、ともに*生口《せいこう》と財物で報いる。もし病人が出たり、暴風雨の被害に遭ったりすれば、すぐさま持衰を殺す。その持衰が禁忌を守らなかったためと思うからである。

北前船は、お呪いではない、ちゃんと頼りになるものを備えていたのか——といえば、先人が書いた水路記や、沿岸諸国の絵図を参考にした。和磁石、遠眼鏡《とおめがね》などもつかった。

弁財船は一本の帆柱にやや縦長の四角い一枚帆をはって航行する。一枚帆といっても、縦に長細い白い布を何枚も横に並べてぬい合わせた帆である。

では、弁財船は実際にどれくらいの大きさだったのか。

「オランダ商館長御用船下関入湊図」を見ても「出羽庄内酒田風景」を見ても、さして大きな船とは思えない（加比丹の「日吉丸」を除く）。

たとえば、佐渡市宿根木《しゅくねぎ》にある「佐渡国小木《おぎ》民俗博物館」に展示されている弁財船「幸栄丸」は、長さ約23メートル、高さ約6・5メートル、幅約7メートル、帆柱の高さは約23メートルとのことである。長さ約23メートルは、お江戸日本橋のだいたい半分の長さ。

たとえば、新幹線*E5系電車の1両が、長さ24・5メートル、屋根までの高さ約3・6メートル、幅約3・4メートルだから、高さと幅では、「幸栄丸」がE5系を二倍上回る。

「倭人伝」に登場する使者たちは帆柱一本、一枚帆の船で渡海したという仮説——。海の交通という面でいえば、北前船の弁財船は、遠い遠い過去からの「帆かけ船の伝統」を受けついだ最後の姿だったのではないか——。

＊水主　＝北前船の乗組員のうち、帆の操作、荷物の積みおろしなどの作業に従事する者を水主といった。また、事務長を知工《ちく》、飯炊きなどの雑用を担当する年少者を炊《かしき》といった。

＊韃靼国　＝「韃靼」は『唐書』「沙陀伝」に見える。中国における、モンゴル方面の民族の呼び名であった。明の時代になっても、中国ではモンゴル方面を韃靼と呼んだことから、江戸期の日本でも、この地方を韃靼国と呼んだ。明治期から１９４５（昭和二十）年頃まで日本が満州と呼んだ中国東北部、およびロシア沿海州と朝鮮半島北部も含む地域。古代に渤海国と呼んだ地域と重なる。

＊生口　＝「奴隷」とする本が多い。しかし、肉体労働に従事する奴隷なら、献上にはおよばなかっただろう、戦争に勝利して、敵国の村からいくらでも連れてきただろう――と論じる人も少なくない。

＊Ｅ５系　＝東北新幹線「はやぶさ」「やまびこ」などで活躍しているＪＲ東日本の最新鋭車両。

「やまと」は南南東へ針路を切った

「南」の謎を解いて以来、その謎解きを有意とするために、私は、西日本、下関、九州への旅をくり返した。

室津を離れた日の翌日午後、私は北九州市門司区の「大里《だいり》海岸緑地」に立っていた。

関門海峡が、なんの障害物もなく、眼前に圧倒的な迫力で広がっている。白波がたち、ひときわ速く流れているように感じられる。

海峡をはさんで目の前に下関の彦島。左手に小倉《こくら》の工場地帯が霞んでいる。さらにその先に三角形の皿倉山がかすかに見える。そのとがった頂に、うすぼんやりとした太陽がだいぶ近づいている。

右に目を転じると、宮本武蔵と佐々木小次郎の決闘地として知られる巌流島。その向こうに下関市の市街地、そして春霞に包まれる関門橋。

この海で、1185（文治元）年、源平最後の合戦が繰り広げられたことは有名だ。幼い安徳《あんとく》帝を抱いて二位ノ尼《にいのあま》が海峡に身を投げた。その「浪の下にも都のさぶらふぞ」の物語は、琵琶法師《ほっし》によって長く語り継がれた。

今、潮は右へ流れている。引き潮だ。かなたの玄界灘、響灘《ひびき》のほうから流れてきて、周防灘《すおう》、瀬戸内海のほうへ流れ去っていく。

果てを感じさせぬ凹凸に富んだ陸地の広がり。原始の昔からとうとうと流れつづける海峡の水。その昔、魏への使節を乗せた船も、ここを通って大陸へ向かったのだ。帯方郡からの使者もここを通ったのだ。ここが不彌国でなくて、どこが不彌国というのだ——の思いが強くわいてくる。しかし「不彌国は今の福岡県糟屋《かすや》郡宇美町」、または「同県飯塚市」——が、邪馬台国論争に関わるほとんどすべての論者たちの定説となっている。

さて、大里海岸緑地より500メートルほどの門司駅前に、フェリー連絡無料バスが定刻にやってきた。ほぼ満席だ。企救《きく》半島山地の峠を越え、周防灘に面した新門司港まで約20分。

岸壁に横づけしているフェリーは、1万5000トン級の大型船で、とほうもなく大きい。その名も「やまと」――。大阪の泉大津港を目ざして定刻17時30分に出港した。七階に展望浴場、六階にレストランがある。航行速度は、ほぼ時速50キロとのこと。

屋上の甲板に出てみると、しだいに遠ざかる企救半島の山並みの上空が、桃色に染まっている。船尾近くに突き出した大きな煙突が、黒煙をうすくとぎれとぎれに吹きあげる。そのすぐ右手に、沈みゆく丸い太陽がある。

「やまと」は、まず東へ針路をとったのだ。

18時10分、やがて太陽はゆっくりゆっくりと煙突の左手へ移っていき、ブリッジで東南へ舵が切られていることを教

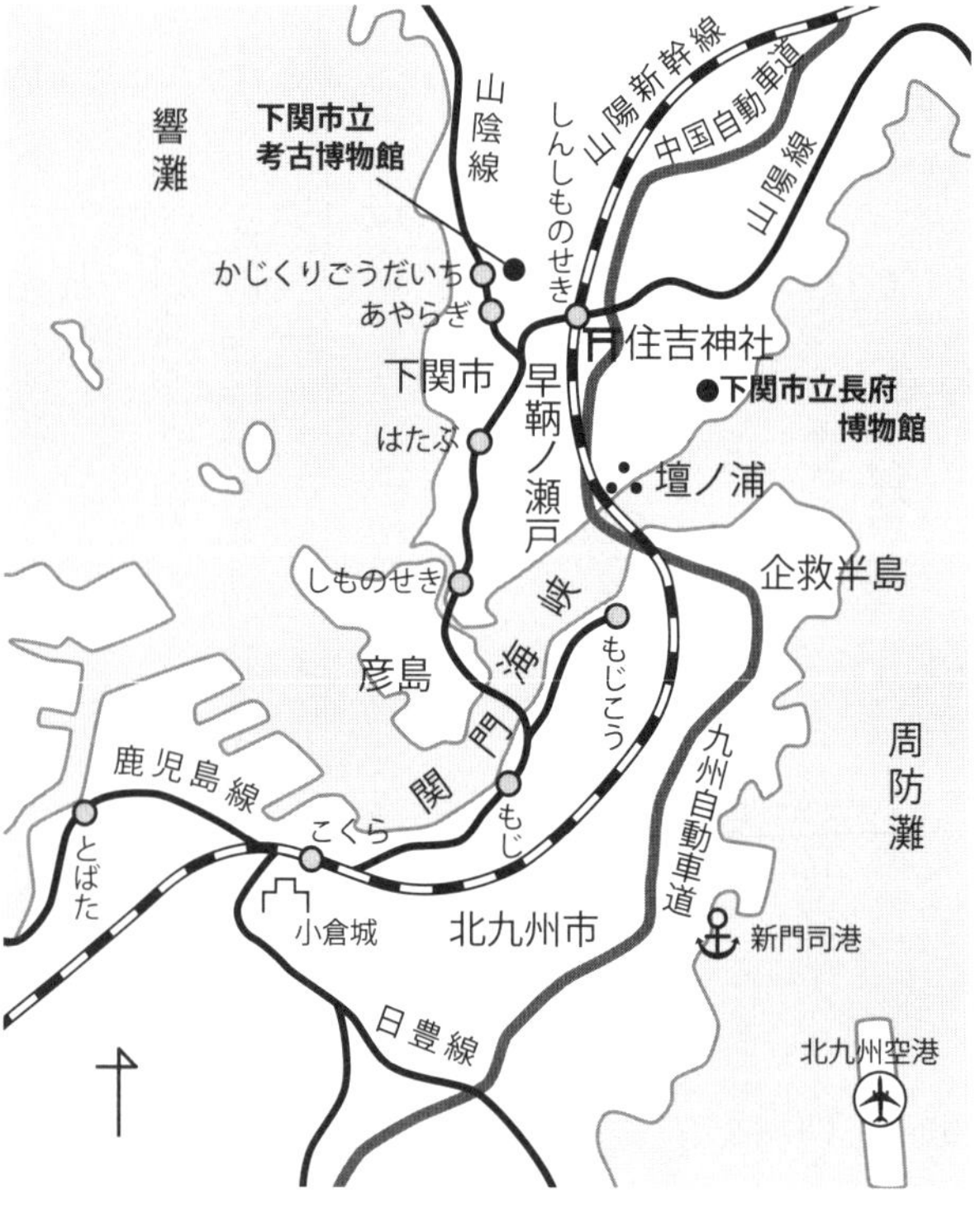

える。そのうち太陽はさらに進行方向の右舷へ移っていった。針路は南南東となった。

もし「やまと」が企救半島の先端、すなわち関門海峡の出入り口、早鞆《はやとも》ノ瀬戸から周防灘へのりだしていたなら、太陽は、まちがいなくずっと右舷のかなたにあっただろう。南へ向かって瀬戸内海の航行を始めていたであろう。

右も左も前も後ろも島、島、島の海国へ

下関には、2014（平成二十六）年八月にも行った。この旅では長門一宮の住吉神社に参拝した。足は自転車である。早朝、下関駅西の定宿を出発し、旧市内を走りながら、頭のなかで文を一つ、つくった。

――古代の赤間関は、右も左も前も後ろも島、島、島の海国であった。

旅立つ前に、インターネットで国土地理院の地形図を幾度

新門司港を出港した泉大津行き「やまと」。夕日が煙突の左手に移った。

となく閲覧し、右の着想を得ていた。同地形図は近年、大きく進歩して、一つの画面上で「地点」「倍率」を自由自在に変えながら、日本のあらゆる場所をすみやかに凝視できるようになっている。

下関駅を背にして北へ向かって進む。ひたすら北へ。

出発してもう30分はすぎた。すこし不安になって、信号待ちで横に並んだ同世代ふうの人に話しかけた——としよう。会話文を想像してみる。

「ちと尋ねますが、住吉神社へ行くには、この道で間違いないですよね？」

「駅のへんからきたんですか？　それなら、まだ半分ですよ」

「これから先は登り坂になるんですか？」

「そんなことは、ありません。下関は坂道ばっかりで、たいへんだけど、住吉神社と下関駅は、ほとんど平坦な道だけで結ばれています」

「いわれてみると、たしかに当地は丘と坂道、石段と石崖の多いところですよね」

「そうでしょ。三〇を超える丘、丘のあいだに、くねくねと平地がのびています。今、ここから丘があっちにもこっちにも見えてるけど、大昔は、みーんな海面にぽこぽこ飛び出した島だったんです」

これを聞いて、私は、今の長崎県の*九十九島《くじゅうくしま》に似た地形を思いうかべる。

まさに赤間関は海の国、海国、うみこく、ふみ国であった。

長い時間のなかで、堆積物や砂がたまって本州西端の陸地が広がった。大きな三角形を描いて九州の眼前まで陸地になった。金比羅宮のある丘（島）や、日和山の丘（島）を巻きこんで。さらに二十世紀にはいって、下関、門司の両側で埋め立てが進み、関門海峡は幅をぐんと狭めた。潮の速さが増した。

「住吉神社へ行くんですね。住吉神社は全国にたくさんある、いうふうに聞くけど、格式でいやあ大阪の住吉大社と、長門一宮が二大住吉ですね」

「いや、いろいろとありがとうございました」

この後、出発から1時間以上がすぎて、やっと住吉神社が正面に見えてきた。

大阪の住吉大社は海岸から遠く離れた市街地に鎮座しているが、それは埋め立てが進んだせいだ。そうであれば、こちらの住吉神社も、創建当初はもちろん海に面していたと考えられる。

鳥居は真南に向かって、たっている。神社の周りに家並みが広がっている。

常緑広葉樹と暖地性の植物が境内を覆って、古来変わらぬ社叢《しゃそう》を形成している。

朱塗りの太鼓橋をわたり、手水舎で手と口を清めた後、鳥居を背にして石段をのぼる。ひんやりとした空気のなかに、セミたちの合唱が響く。

石段をのぼりきった正面に、拝殿。その向こうに五つの神殿が、檜皮葺《ひわだぶき》の三角の屋根を横に並べている。

その右端の第一殿に、主神の住吉大神・荒魂《あらたま》が祀られている。この荒魂をここに鎮祭された方が、左から二番目の第四殿に祀られている神功皇后《じんぐうこうごう》である。

じゃらじゃらと鈴を鳴らして参拝し、ふり返って二歩、三歩と進むと、左手の社殿で、ふき掃除を始めた宮司の姿が目にとまった。

「おはようございます、宮司様。一つお尋ねして、よろしいでしょうか」

話しかけられた宮司が、掃除の手を休めた。

「こちらのお宮は航海の神様と存じますが、なぜ、このような山間《やまあい》に鎮座されているのでございましょうか？」

「うむ。それは、昔は海に近かったのです。響灘のほうからこのあたりまで海が深くはいりこんでいたのです。隆起や堆積があったと考えられます」

「なるほど」

(予想どおりだ）と思いながら、さらに問うた。

「関門海峡のほうとは、いかがでございましょうか。水路でつながっていたのでございましょうか」

「それはわかりません。壇之浦で和布刈《めかり》祭はいたしますが」

「いや、どうもありがとうございました」

願いどおり、貴重な話が聞けたと感謝しながら石段をおりた。

おりたすぐ左に看板があり、この神社の祭典について書いてある。

和布刈祭は、神功皇后が当社を創建されたとき、元旦に和布《わかめ》を刈りとらせ神前にお供えされたことに由来し、今も毎年行われている。未明に松明を連ね「和布刈道」を歩いて壇之浦へ向かう（本社より五〇丁《ちょう》）*――とのこと。

正面に大鳥居。

太陽は左にのぼっている。

ふり返れば、神殿も真南に向かって、たっている。

私はここが不彌国だと確信した。

不彌国に住吉神社。伊都国に宗像大社辺津宮。二つの宮の中間に奴国《なこく》があったのだ。

そのように結論づけて鳥居をくぐったのだが、どうも足どりが軽やかにならない。どうしたわけか。――そのことについては、中身を次章で明らかにする。

私はこのあと、壇ノ浦を目ざした。

神社のそばを走る県道34号線は、ほどなくして国道2号と合流。その国道2号は、たいして行かないうちに関門国道トンネルおよび関門橋（中国自動車道）のインターチェンジへ至る。

まるで「わらび手文」のような形をした取りつけ道路が何本もある。

大型自動車が思いきりエンジンをふかし、見通しのきかないカーブを曲がって突っ込んでくる。こちらは覚悟のうえで国道の端を自転車で走っているわけだが、あちらはあわててブレーキペダルを踏みハンドルを切る。自転車や歩行者が通行しているはずなどない一帯なのだ。

「和布刈道」を通って壇ノ浦へぬけようとしたのは無謀だったようだ。それはさっさと断念し、市立中央図書館へ向かった。

『下関市史』に、願いどおり、次のようなくだりがあるではないか。

――5メートル等高線が確実に本来の海岸線を示すものかどうかは決定的なものではないが、これに近いものであったことは他の地図その他の資料で推定できる。

――海流や風による流砂の堆積以外にも、大きな土地の自然隆起のあったことは否定できない。

「古代の赤間関は、右も左も前も後ろも島、島、島の海国だった」という私の推論を、『市史』があと押ししてくれた。

古代の遺跡にしても、旧市内と呼ばれる一帯ではまだ発見されていないけれど、住吉神社の西北西、約4キロの海岸近くに前方後円墳が保存されている。また住吉神社の北北西、約2キロの地点でも、前方後円墳が見つかっている。

「和布刈道」は昔、海路だった――という推理は推理のまま残るとしても、住吉神社のすぐ近くに港があったことはまちがいない。二つの古墳と住吉神社を結ぶ線より南には、数えきれないほどの小島を浮かべる海が広がっていたのだ。

使者を乗せた船は、住吉神社の鳥居の近くから、南へ向かって出帆した。

そして、「水行二十日」の後、投馬国へ至る。

投馬国のあった場所として、私は吉備路、楯築墳丘墓《たてつきふんきゅうぼ》に注目し、2015（平成二十七）年八月、赤間関からの帰りに、ここをおとずれた。室津への旅の詳細とともに、報告させていただく機会が今後、別にあることを願いたい。

＊九十九島＝長崎県佐世保市《させぼ》の海岸線一帯の総称。リアス式海岸に二〇〇を超える小島が連なって、西海国《さいかい》立公園に指定されている。
＊丁　　＝距離の単位。町とも書く。一丁は約109メートル。五〇丁は約5・5キロ。

（2）「邪馬台国＝九州」説をふり返る

博多湾と有明海は水路でつながっていた

邪馬台国は大和にあったのか、それとも九州にあったのか……。

福岡市近郊、太宰府天満宮の横に近年オープンした九州国立博物館などは、その展示で堂々と「文献学上も考古学の調査結果からも九州優位」と胸をはっている。

序章（2）（3）のつづきとして、これまでに発表された「邪馬台国＝九州」説の概要を、これよりふり返っておくことにしたい。

邪馬台国は九州にあったとする論では、新井白石の「筑後国山門郡」説を皮切りに、本居宣長の「卑弥呼＝熊襲の首長」説、宮崎康平の「島原半島北岸から諫早にかけての一帯」説、佐賀県の吉野ヶ里や、福岡県の大宰府を邪馬台国のあった場所とする説が唱えられている。

また、全国八幡様の総本宮・宇佐《うさ》神宮のある大分県の宇佐や、大きな古墳群が見つかっている宮崎県の西都原《さいとばる》、さらに「地名が大和と相似形に一致している」という福岡県の甘木《あまぎ》・朝倉《あさくら》地方などに比定する論者もいる。

諸説入り乱れるなかで、宮﨑康平著『新版まぼろしの邪馬臺國』が、九州説の古典といえるだろうと私などは思うのだが、発表から四〇年がすぎ、内容を知る人は少なくなっているようだ。宮﨑康平を「邪馬台国＝九州」説の代表に勝手に担ぎ、論旨を紹介することにしたい。

宮崎康平は、この本で、驚くべき視点を提示した。女王・卑弥呼が邪馬台国に「都して」倭国をまとめていたころ、九州の博多《はかた》湾と有明海《ありあけかい》は、水路でつながっていたという説を発表したのである。

「史蹟 水城《みずき》址」へ向かって、私は、一〇年ほど前の五月一日、「のぞみ1号」で西下したことを思いだす。日本中に雲がない、みずみずしい「五月のきしゃ旅」一日目だった。

JR九州、鹿児島線に水城という駅がある。最寄り駅ではなく、史蹟にはさまれて駅がある。土盛りの中央部を線路が突破して南北にのびている。ホームに立つと、西と東へ「史蹟 水城址」の広がりを見てとれる。

合わせて全長約1・2キロ、高さ10メートル余、幅80メートルほどとのこと。

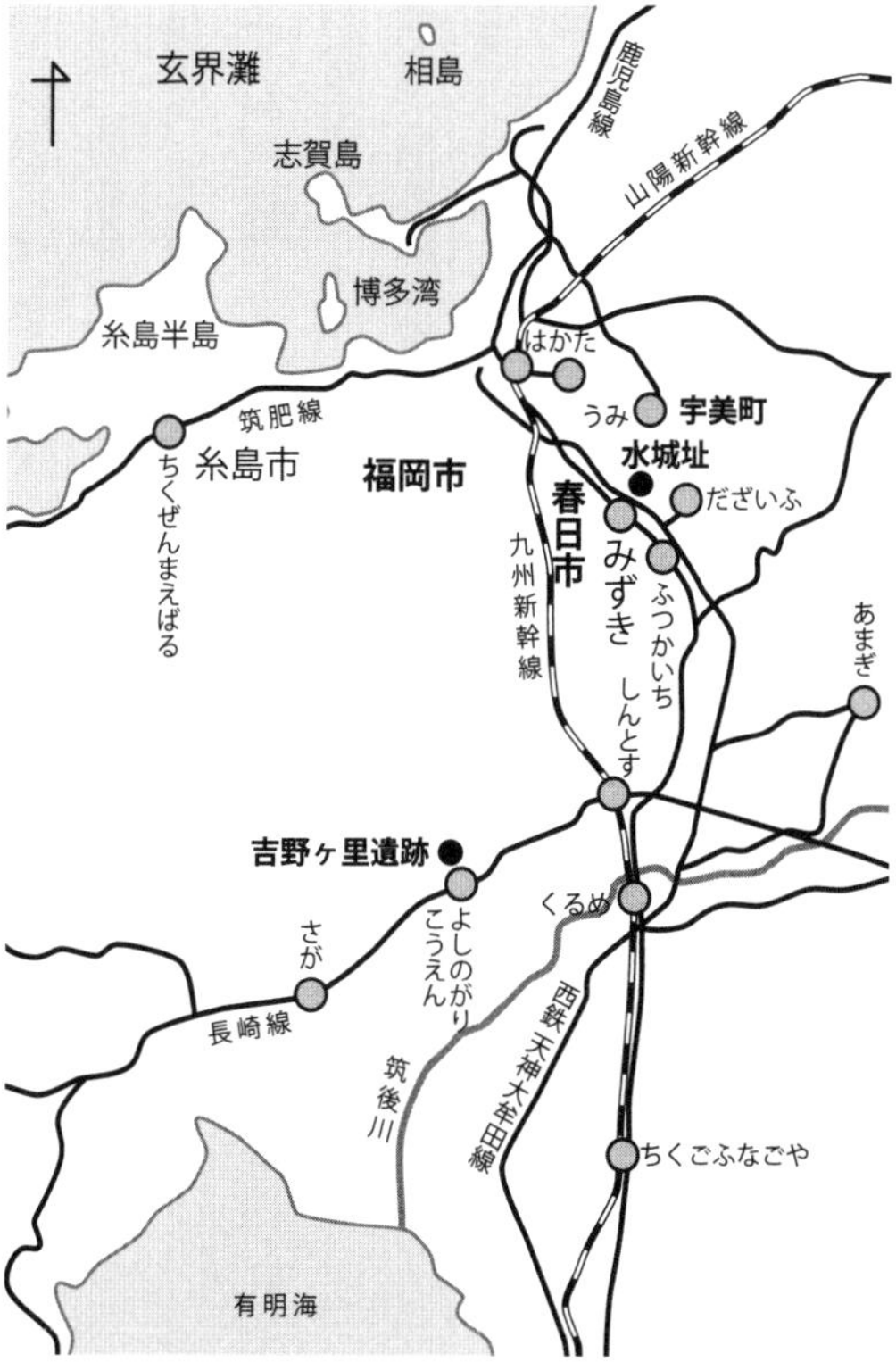

史蹟のなかを歩くことも、犬を散歩させることもできる。草に覆われてなだらかに波打つ丘のいたるところにクスノキの大木が薄緑色の葉を茂らせてそびえている。その向こうを、白を基調とした高雅なデザインの電車がいきかう。

宮崎康平も、このゆるやかにうねる緑地を歩いたのだ。白い杖を通して伝わってくる古代人の声に耳を澄ませながら、思ったのだ。――新たに一から築いた土塁ではなく、かねてより、ここには調整池があったのだろう。博多湾と有明海の水位の差による二つの流れの高さのちがいを、邪馬台国の時代には、ここで調整していたのだろう。

一種の運河の水門である。

ちなみに、水城駅の標高は27メートル。鹿児島線の博多駅〜久留米《くるめ》駅における最高地点は、水城駅の南 10キロ付近にあり、その標高は100メートルである。

博多湾に注ぐ水と、有明海に注ぐ水が、今も大宰府のあたりでたいそう接近して流れているが、この二筋の流れが、古代においてはつながっていたと宮崎康平はみたのだ。

案内板に「近年の発掘調査の結果、博多側に幅約60メートル、深さ4メートル以上の濠が、存在したことが明らかになった」と書いてある。

土塁と濠、合わせて幅150メートルほど、長さ約1・2キロ。――たしかに巨大な構築物だ。日本最大の古墳として有名な*大仙陵《だいせんりょう》古墳（仁徳《にんとく》天皇陵古墳）の三分の一の規模だ。一夜で完成というわけにはいかなかっただろう。

しかし、事態は切迫していたのだから、一夜に近い短期間で仕上げたにちがいない。既存の調整池がものをいった……。

古代、博多湾と有明海は水路でつながっていた。――それが真なら、「南へ水行」できるではないか。

水城は、朝鮮半島の白村江《はくそんこう》で新羅《しらぎ》・唐の連合軍と戦って敗れたヤマト政権が、大宰府の防衛のために築いた土塁。新羅や唐の侵攻を想定しての防備だったといわれる。

博多湾口にあった筑紫の官の家々を、白村江の戦いの後、ずっと南の山裾に移して建設した古代都市――それが大宰府の起こりだ。

博多湾と有明海を結ぶ水路を、宮崎康平は、沿線の代表的な地名をとって「二日市水道」と名づけた。魏の使者たちの一行は、その水路をたどって南へ向かったと考えた。

宮崎康平は『古事記』『日本書紀』を暗記するほどに、くり返し熟読し、卑弥呼が統べる邪馬台国連合三〇ヵ国を比定するにあたって大いに参考にしている。ただし、「日」を「干」と読みかえるなど、独特の解釈を行っており、そこから今日の九州の日向《ひゅうが》と『古事記』『日本書紀』に出てくる日向《ひむか》はなんの関係もないと断じている。

宮崎康平の「邪馬台国＝九州」説に、耳を傾けていこう。

対海国から奴国までは、新井白石以来の比定を踏襲している。すなわち、今の対馬、壱岐、東松浦半島の東岸、糸島半島の付け根、博多と進む。しかし、奴国の先で道筋は二つに分かれる。榎一雄の「放射式行程説」が参考になったのかもしれない。

次に「東に行きて不彌国に至る百里」の不彌国は、今の福岡県糟屋《かすや》郡宇美町から古賀市に至る地域とした。

伊都国から「東南へ」百里行けば奴国があり、伊都国から「東へ」百里行けば不彌国がある。不彌国は行き止まりの国で、邪馬台国へ向かうとき不彌国を通ることはないとした。

その先の道程も次のような訓読が正しいという。


……南は投馬《とうば》国に至る、水行して二十日。……五万余戸ばかり。

……南は邪馬台国に至る。女王の都する所。水行して十日、陸行すれば一月。……七万余戸ばかり。


「二日市水道」を南下して有明海に出て都合二十日間も「水行」すれば投馬国に至る。同様に「二日市水道」を南下して有明海に出て都合十日間も「水行」すれば邪馬台国に至る。ただし邪馬台国へは「陸行」もできる。その場合は一月《ひとつき》である。――そのような意味だという。

それでは、いったい投馬国と邪馬台国は今日の、どこというのか。

「二日市水道」の北側は博多湾に注ぐ今の石堂《いしどう》川（御笠《みかさ》川）、南側は宝満《ほうまん》川が筑後《ちくご》川に合流して有明海に注いでいるのであり、投馬国は今の天草《あまくさ》、邪馬台国は島原半島北岸から肥前諫早《いさはや》にかけての一帯だと論じた。

島原半島北岸から諫早にかけての一帯——といえば、まさに島原鉄道の通り道ではないか。宮﨑康平は自分のフィールドへ邪馬台国をもっていったのである。この点に、なじめないものを感じる人は少なくないようだ。

しかしながら、その論拠には説得力がある。異様な力で迫ってくる。

以下の一四行は『新版まぼろしの邪馬臺國』の要約である。比定の理由を示した部分である。

——諫早は、東に有明海（諫早湾）、東南に島原半島、南に橘《たちばな》湾、西北に大村湾、その西側に西彼杵《にしそのぎ》半島というふうに、三方を海に囲まれた細い十字路の中心に位置している。「倭人伝」は「女王国の東、海を渡ること千余里にまた国がある。いずれも倭の種である」というが、奈良盆地の東に海はあるのか……。東も南も急峻な山地ではないか。北も西も海には面していないではないか。諫早であれば、卑弥呼が統率する小国家のほぼすべてへ「水行」できる。最短距離で結ばれている。

——西彼杵半島には、製鉄の工房の跡がある。鉄の工具、鉄の農具はもとより、邪馬台国は武器を鋼でつくった。最新鋭の武器をたずさえた軍団が進撃したことで、卑弥呼は倭国の盟主となりえたのである。鉄製の工具があればこそ、堅い木を工作して最先端の船をつくることもできたのである。

——また、「倭人伝」に、倭の地では「出真珠。青玉」とある。さらに、卑弥呼の死後、女王となった*壹與《いよ》が魏へ使節を送り、その際「白珠五千孔、青大勾珠《まがたま》二枚」ほかを献上品として持参させたと「倭人伝」にある。真珠や勾珠が邪馬台国から魏へ献上されたのである。大村湾では天然の真珠が産するし、西彼杵半島で勾珠の材料となる翡翠《ひすい》がとれるという話もある。（要約）

以上、『新版まぼろしの邪馬臺國』の眼目というべき部分を拾いだした。何人といえども、これらの論拠の一つ一つを眉つばと断じ無視できるものではなかろう。

＊大仙陵古墳（仁徳天皇陵古墳）＝大阪府堺市にある墳丘長486メートルの前方後円墳。総面積は約四七万平方メートル（阪神甲子園球場一二個分）。毎日二〇〇〇人が建設にたずさわっても一五年かかったと推定される規模だという。

＊壹與＝現代表記すれば「壱与」である。「臺與」「台与」と表記する論者も少なくない。読み方も「いよ」と「とよ」に分かれている。

「陸行一月」は長すぎないか……

『新版まぼろしの邪馬臺國』は、遺跡、古墳についての言及にも紙幅を厚く割いている。

佐賀県、吉野ヶ里遺跡の出現を予告した以下のくだりは圧巻だ。
――そして、肥前地方にも、近い将来、*板付《いたづけ》遺跡にも劣らぬ弥生早期のすばらしい遺跡が、次々に発見されることを信じて疑わない。……神崎町《かんざきまち》の城原《しろばる》を中心に城原川流域には、驚くほどの各種遺跡と、おびただしい数の古墳群が集中しており、かつての大きな文化圏が存在していたことを証明している。

宮崎康平は、ここを弥奴《びど》国に比定している。

宮崎康平は、長崎・佐賀・福岡・熊本の各県を、夫人に手をひかれ杖をついて、くまなく歩き、韓国の南岸へも足をのばした。遺跡や古墳の所在を、足で、耳で、杖の先で、夫人の目で確かめたのだ。

宮崎康平の邪馬台国論は、今回、読みかえしてみても、その深さ、緻密さに感心させられるのであるが、以下のような疑問の声はあがりそうな気がするのである。

「『水行十日』の地へ、なぜ『陸行一月』もかかるのでしょう？」

「天草に『五万余戸』は、いくらなんでも多すぎではありませんか……」

「島原半島北岸から諫早にかけての『七万余戸』は、その後どうなったのでしょう？　この地域の現人口は約一七万人。ちなみに天草が九万人ですが……」

なかなか難しい問題だ。

もし私が「邪馬台国＝諫早」説なら、人口問題については、こういう答え方もあるかもしれない。――平城京は平安京へ遷都した。明治維新で首都は京都から東京へ移った。もしかすると倭の都も移動したのかもしれない。東へ向かって……。

余談ながら、島原鉄道の沿線人口と、大和の桜井線のそれとを比べてみると――。

島原半島北岸から諫早にかけての一帯に、さらに島原市を加えた地域における現在の人口は、約二二万人である。ＪＲ西日本、桜井線（営業キロ29・4キロ）が通る天理市・桜井市・橿原《かしはら》市の合計人口は約二五万人である。沿線人口で見る限り、九州の島原鉄道は、大和の桜井線にさして劣っているわけではない。雲仙普賢岳の噴火災害に見舞われる前の数年間、島原鉄道の鉄道部門は、黒字を計上していた。

一つめの質問をめぐっても、その答えは「ひと眠りしているうちに目的地の滑走路にナイスランディング」というようなわけにはいかない。

帆かけ船で対馬海峡、玄界灘を横切って、九州北岸に至った後、船を乗りかえたとしよう。幅の狭い「二日市水道」に適した「橈で漕ぐ舟」に。

それであれば「奴国（博多）～邪馬台国（諫早）」に、五日以上はかかっただろう。

干潟の広がる波静かな有明海に、漕ぎ手たちのときならぬかけ声が響く。

リズミカルに、ヨイショッ、ヨイショッ、ヨイショッ……。

荒波の玄界灘、潮が流れる関門海峡、干潟がどこまでも広がる有明海。——海にもいろいろある。

だが「陸行一月」はいくらなんでも長すぎると、私も思う。古代といえども、伊都国と邪馬台国のあいだは〝街道〟で結ばれていただろう。

さらに、宮崎康平へ向かって、私は次のように話しかけたいのである。

「不彌国の位置と領域が、不明朗であるように感じられるのですが……。宇美町から古賀市にかけての一帯であれば、奴国より不彌国のほうが広かったことになりますね」

諫早湾南岸——といわれて私が思いだすのは、国鉄が全通させJR九州が継承した長崎線の光に満ちた車窓風景だ。全国に類例を見ない、静かで懐かしい眺め——。

長崎線の列車は、肥前浜駅と湯江《ゆえ》駅のあいだで海岸線の複雑な地形に逆らわず、幾度となく急カーブを切って、海沿いをくねくね進む。やがて、下り列車の左車窓に諫早湾と雲仙普賢岳(1359メートル)が浮かぶ。干潟の海の静けさと、雄々しくそびえる雲仙の温かな色合いに心が洗われる。

有明海にぽっつり飛び出した小さな半島の先端にある温泉旅館で、特産のムツゴロウ、竹崎カニ(ワタリガニの一種)や皿いっぱいのシャコなど、有明海名産の魚介に舌鼓をうった真夏の夕べも、私の大切な思い出だ。トゲトゲの甲羅で指先がすこし痛かったが……。

島原半島より熊本県を目ざすフェリーの後方に広がった雄大な風景も、忘れられない。まさに宮崎康平のいう諫早湾南岸地帯の平地が中央に横たわり、右に太良岳《たら》（996メートル）、左に普賢岳。――凹形をした青と水色と藍色の一大パノラマ展望が視界のすべてを占め、白い航跡もむなしく、10分すぎても20分すぎても、一八〇度の展望になんの変化も起こらなかった。海と陸に抱かれているような、安心感、開放感、幸福感。

倭につかの間の平和をもたらした卑弥呼が、おだやかさこの上ないこの地に、居館を構えていたとするなら、私たちの邪馬台国への夢はまだまだつづいていくかもしれない。

なお、雲仙は吉野ヶ里遺跡とも関係が深い。吉野ヶ里遺跡の中軸線を南へ約60キロのばすと、そこに雲仙がそびえている――とのことだ。歴代の王を葬る北墳丘墓と、北内郭主祭殿、および南祭壇を結ぶ線のかなたで、悠久の時を超えて雲仙が噴煙をあげている。

それはそれとして、私は「史蹟 水城址」を歩いた「五月のきしゃ旅」で、宗像大社の辺津宮にも初めて参拝した。

JR九州、鹿児島線の東郷《とうごう》駅前から路線バスで約10分。辺津宮は神々しい静けさに包まれていた。

本書の初めに書いたように、「辺津宮―中津宮―沖津宮―釜山」は一本の直線の上に並んでいる。「そのようになるように、辺津宮と中津宮を創建するときに、その位置を決めたのだろう」という人がいる。

しかし、市杵島姫神、湍津姫神、田心姫神は、同時に「天より降臨された」と考えるべきであろう。いつとも知れぬ昔から、宗像三女神は辺津宮、中津宮、沖津宮に祀られてきたのであり、『宗像市史』のいう「遥拝所として中津宮、辺津宮が生まれた」という事実は、あくまでも社殿の建立をさしているもののようだ（15ページ参照）。

逵日出典著『八幡神と神仏習合』（講談社現代新書）は次のようにいう。

――やがて神社には社殿が建立されていく。社殿の出現はもっとも早い所で七世紀後半から八世紀前半、大部分の神社は八世紀後半から平安時代にやっと社殿が伴うようになると考えられる。

「沖ノ島路」をさし示す「一本の直線」は、神代の昔に描かれた。底知れぬ不思議さを感じずにはいられない。

＊板付遺跡＝わが国における稲作の開始期――そのころの集落の姿を今に伝える遺跡。福岡空港の南端近くにある。福岡空港はかつて板付飛行場と呼ばれた。

（3）卑弥呼の墓は福岡県糸島市の平原古墳か？

「倭人伝」の記述はきわめて簡潔だ

ここで、もう二冊、「方位」「距離」「日数」全解に至るまでの前編で、私が大いに勉強させてもらった書籍を紹介させていただくことにしたい。

『三国志』研究の第一人者・渡邉義浩著『魏志倭人伝の謎を解く』と東洋史が専門の岡田英弘著『倭国』（どちらも中公新書）に私はとくにひきつけられた。

概略、以下のような注目すべき内容が書き記されており、たいへん参考になった。

――『三国志』三六巻は、独立した『魏書』『蜀書』『呉書』から成り、その『魏書』の最後に「烏丸鮮卑東夷伝倭人条《うがんせんぴとういでんわじんじょう》」が添えられている。『三国志』の記述は著者・陳寿《ちんじゅ》の人間関係を色濃く反映し、全体にきわめて簡潔である。「正しいこと」だけを書くから「正史」なのではなく、正統性を主張して「正史」と称する。陳寿はもともと蜀の家臣だった。不遇の身をかこっていた陳寿を西晋の中央政府にとりたてて、正史の編者に抜擢してくれた人物――張華《ちょうか》というが、その張華は腕一本で武帝の側近にのぼりつめた人だった。西晋の初代皇帝が武帝である。陳寿は、武帝を称揚することになる出来事は誇張して表現した。しかし、それ以外の事柄についての記述は、さらりと流した。書くと張華に迷惑がおよびかねない出来事はもとより、武帝と無関係のことは、とにかく簡潔に書いた。中国の長い歴史のなかで正史は少なからず生まれているが、そっけなさという点で『三国志』は際立っている。陳寿は、儒教の経典に精通し、儒教の教えを身体化していた人物である。当時の大陸では、儒教に基づいて政治が行われていた。儒教は、「中華の天子が徳を修めることにより、四方の夷狄《いてき》が天子の徳を慕って朝貢するようになる」と教えており、これを邪馬台国時代にあてはめれば、魏の皇帝が世界の支配者、邪馬台国ほか烏丸鮮卑が夷狄となる。（要約）

このような中国人の世界観は、江戸期の国学者を刺激した。これは別の本に書いてあることだが、本居宣長は「儒者は無益で有害なだけだ」といって儒学者を嫌ったという。

余談ながら、江戸期の洋風画家・*司馬江漢《しばこうかん》の『江漢西遊日記』によれば、一宿一飯の恩義にあずかろうと思って訪ねていった家の玄関先に「儒者・学者、虚名の者、並に物もらい不可入」と書いた札がかけられていたという。伊勢の山田近くでの出来事である。江漢は「難儀なる事なるべし」と、戸をたたかずに、松坂へ向かったという。

閑話休題。「倭人伝」は全体にきわめて簡潔にさらりと書かれている――という教示に、私は大いに励まされた。「南」の謎解きに説得力が出てきた。

そして『魏志倭人伝の謎を解く』『倭国』はもう一点、きわめて重要な視点を提示している。ひとことでいえば、『魏書』「東夷伝倭人条」は、当時の東洋の情勢に大きく影響された内容になっているとのことである。つまり、倭は、魏の敵国である呉の背後にならなければならなかった。魏にとって、陳寿にとって。

呉は「海上活動において目覚ましく発展した国」である。その海上活動が魏の大きな脅威となっていた。呉の東方の海上に倭があってこそ、卑弥呼から魏への朝貢の意義は限りなく大きくなる。

呉の東方——それは現実よりかなり「南」を志向する。

ここまで、推測部分も含めて、ほぼすべて『魏志倭人伝の謎を解く』『倭国』のダイジェストである（江戸期の話は除く）。そして、それを読んだ私（本書の著者）は、以下のような感想をもつ。

こうして見てくると、大陸といい日本といい、古代は戦《いくさ》に明け暮れた時代だったといわざるを得ない。天下泰平の江戸期などとは大きなちがいだ。吉野ヶ里遺跡では、頭部のない骨や刀傷の残る骨が発掘されており、当時の「世界残酷物語」の一端がうかがえるといわれている。ただし、江戸期においても関所破りに対するはりつけ、さらし首はあった。かたき討ちや切腹も行われた。

女王・卑弥呼は「倭国大乱」という戦乱の世を経て「共立」されたのであり、さらに卑弥呼の晩年には、狗奴国《くなこく》とのあいだで戦が勃発している。武器を手にした者たちの雄たけび、武器が敵の兵士の身体を切り裂く血なまぐさい音が聞こえてくるようだ。

卑弥呼について、「倭人伝」は、このほか、以下のような記述も行っている。

……年、已に長大なるも、夫壻無し。男弟有りて国を佐け治む。王と為り自り以来、見ること有る者少なし。婢《はしため》千人を以て自ら侍らしむ。唯、男子一人有りて、飲食を給し、辞を伝えて居処に出入す。宮室、楼観《ろうかん》、城柵、厳かに設け、常に人有りて兵を持ちて守衛す。

（卑弥呼に夫はおらず、卑弥呼の弟が、政治の面で、卑弥呼を補佐している。女王となってから、卑弥呼はあまりみんなの前に姿を現していない。一〇〇〇人の婢をはべらせ、一人の男に、飲食や外部との取次の世話をさせている。宮室、楼観には柵が厳重に設けてあり、警護の兵隊が配置されている。）

＊司馬江漢＝1747〜1818年。西洋の地理学・天文学にも関心を寄せて、地動説を日本に広めた画家。1788（天明八）年から一年をかけて江戸〜長崎をめぐり歩き『江漢西遊日記』を書いた。

「倭人伝」が残した「距離」「日数」の難問

大和説の足かせとなっていた「南」の謎は解けた。

しかし、だからといって九州説が完全に消え去ってしまうわけではない。

「方位」と並んでもう一つ、「距離」「日数」という厄介な問題に、まだ邪馬台国の論者たちは、筋道の通る明快な答えを出せていない。

「倭人伝」の初めの約六〇〇字——便宜上、第一段と呼ぶ——を熟読して、とりあえず「距離」「日数」の「倭人伝」における実情を、明らかにしておくことにしよう。

「倭人伝」の書き出しは、次のようになっている。

……倭人は、帯方の東南大海の中に在り。山島に依りて国邑を為す。旧百余国。漢のとき、朝見する者あり。今、使訳通ずる所三十国。

このうちの「今、使訳通ずる所三十国」は、魏へ使者・通訳を派遣する邪馬台国は、倭人がつくる三〇ヵ国の代表である——と読めばよいだろう。あるいは「倭人伝」の後半にある以下の文から、女王の住む邪馬台国が、倭にある国々のうち三〇ヵ国を統率している——と読んでもよいだろう。

……其の国、本亦、男子を以て王と為す。住まること七、八十年。倭国乱れ、相攻伐することと歴年。乃ち一女子を共立して王と為す。名は卑弥呼と曰う。

倭国では男子を王としていたが、七〇〜八〇年の治世の後、大乱が起こり、女王を「共立」

することで各国が矛をおさめた。女王の名を卑弥呼という。このような意味である。

さて「倭人伝」は、このあと、帯方郡から倭へ至る道筋、邪馬台国連合三〇ヵ国の所在位置・戸数・風俗・産業などの記述に移る。

すでにふれたように、帯方郡、韓の諸国（詳細省略）、狗邪韓国、対海国、一大国、末盧国、伊都国、奴国、不彌国、投馬国、邪馬台国の順で「倭人伝」の記述は進んでいく。

そのあと、以上のように「女王国より以北の国」については「其の戸数、道理は略載することを得べきも」そのほかの「旁国」は、遠く隔たっていて「つまびらかにすることを得べからず」と述べ、所在位置・戸数・風俗・自然などにはまったくふれず、「旁国」の名を列記するにとどめている。その国名は次のとおりである。

斯馬国《しまこく》・己百支国《しおきこく》・伊邪国《いやこく》・都支国《ときこく》・彌奴国《みなこく》・好古都国《こことこく》・不呼国《ふここく》・姐奴国《しゃなこく》・対蘇国《たいそこく》・蘇奴《そな》国《こく》・呼邑国《こゆうこく》・華奴蘇奴国《かなそなこく》・鬼国《きこく》・為吾国《いごこく》・鬼奴国《きなこく》・邪馬国《やまこく》・躬臣国《きゅうしんこく》・巴利国《はりこく》・支惟国《きいこく》・烏奴《おな》国《こく》・奴国《なこく》

「旁国」は以上の二一ヵ国である。これに対海国、一大国、末盧国、伊都国、奴国、不彌国、投馬国、そして邪馬台国を含めて、連合国は二九ヵ国となる。一国足りない。

最後の奴国の次に、なお狗奴《くな》国の名があがっているが、この国は「不属女王」と紹介され、卑弥呼は「狗奴国の男王たる卑弥《ひみ》弓呼《きゅうこ》と素より和せず」だったのであり、卑弥呼の晩年には、邪馬台国と戦火をまじえる国なのである。

もっとも、台与《とよ》が新しい女王の座に就いた２４０年代の末以降、乱はおさまり、倭に平和が戻ったのであり、台与女王の時代でいえば、狗奴国を連合国に含めることができる。

そして、もう一点。

「倭人伝」第一段に列記された国名の最後に「奴国」が見えることについて——。

この国は、初めに出てくる「伊都国と不彌国のあいだにある奴国」と同じ国なのか、そうではないのか……。この点については、本書の４章で明らかにする。

それはそれとして、着目したいのは「距離」である。「倭人伝」の第一段は、次の一文でしめくくられている。

……自郡至女王国万二千余里。

つまり、帯方郡から邪馬台国まで一万二〇〇〇余里というのである。

「倭人伝」第一段に明記されている距離は、このほか、次の合計一万七〇〇〇余里である。

帯方郡　〜狗邪韓国　七千　余里
狗邪韓国〜対海国　　千　余里

対海国　〜一大国　　　千　余里
一大国　〜末盧国　　　千　余里
末盧国　〜伊都国　　　五百里
伊都国　〜奴国　　　　百里
奴国　　〜不彌国　　　百里

右の数字を足して、帯方郡より不彌国まで一万七〇〇余里。

そうであれば、不彌国より邪馬台国までは単純な引き算（一万二〇〇〇余里 ― 一万七〇〇余里）で、「一三〇〇里足らず」となる。

ただし、この「一三〇〇」という数字は「倭人伝」に明記されておらず、不彌国〜投馬国は「水行二十日」、投馬国〜邪馬台国「水行十日陸行一月」と「倭人伝」はいう。

「倭人伝」の数字に素直に従えば、「不彌国〜邪馬台国」は「狗邪韓国〜対海国」よりすこし長い程度にすぎないことになる。朝鮮半島南岸から九州北岸までの距離の半分以下なのだ。

これでは、とても大和に至ることはできない。瀬戸内海を航行して、その東端近くまで行き、陸にあがることはできない。

だから一瞬、この数字は大和説に不利で、九州説に有利――と思ってしまう。

しかし、九州説とて、「不彌国〜邪馬台国　一三〇〇里足らず」はよいとしても、「南至投馬国。水行二十日。……南至邪馬台国、水行十日。陸行一月」といわれると、たいへん困ってしまう。

不彌国から邪馬台国まで「水行」「陸行」合わせて二月《ふたつき》かかると「倭人伝」はいっている……。「狗邪韓国〜対海国」よりすこし長い程度の「一三〇〇里足らず」の区間に二月もかかるのでは、どうにもならない。

そこで、長年にわたる邪馬台国論争のなかで、九州説から「陸行一月は陸行一日」のまちがいだという論が出された（36ページ参照）。一〇〇〇年におよぶ書写の過程で写し間違いが発生したのだと……。筆の墨が紙にすこし滲《にじ》めば「日」は「月」になると……。

たしかに「陸行一日」であれば、邪馬台国を北部九州のいずれかの地に比定することができる。しかし——。

よくぞ滲んで「*冄《ぜん》」や「丹」にはならず、「月」になったものではある……。

また、「陸行一日」であれば、明記することなく省略したのではないか——と論じる研究者も少なくない。

すでにみたように「伊都国〜奴国〜不彌国〜投馬国〜邪馬台国」と連続して存在していたのではないとする論も、九州説から出された。榎一雄の「放射式行程説」が、その代表である。

さらに「水行すれば一〇日、陸行すれば一月」という選択式の読み方をする人もいる。

「距離」「日数」の話はややこしい。「倭人伝」の数字をもう一度、確認しておこう。

「倭人伝」は「帯方郡より万二千余里で女王国に至る」と記して第一段を結んでいる。「国々は連続して並んでいた」というふうに読めば、以下のようになる。

帯方郡〜不彌国　　一万　七〇〇余里
　不彌国　　　　　　　　　　　　　　不彌国〜投馬国　　水行二〇日
　　〜　　　　　　　　　　　　　　　投馬国〜邪馬台国　水行一〇日陸行一月
　邪馬台国　　　　　一三〇〇　里足らず
帯方郡〜邪馬台国　一万二〇〇〇余里

私は2014（平成二十六）年十月に「倭人伝」の読解をここまで進めた。

その二ヵ月前の八月中旬、関門へ行っているが、この時点で、私の意識は、「方位」の問題に出した答えの正しさを、しっかり固めることに傾いていた。「方位の問題は、同時に距離・日数の問題に答えを出さない限り、解けたことにはならない」という認識はまだもたずに旅立った。

＊冄＝毛髪がふさふさと垂れる様子を意味する「冉《ぜん》」の旧字。

福岡市箱崎で出会った一冊の研究書

私は、この八月の旅で、北九州市小倉北区にある市立中央図書館に足を運んだ。

ＪＲ九州、西小倉駅を背にして、幅の広い直線道路の左側の歩道を南へ歩くと、まず小倉城、次に松本清張記念館、そしてその向こう隣に、駅より15分ほどで北九州市立中央図書館が現れる。社会派推理小説の巨匠と呼ばれて昭和後期に人気の高かった松本清張は、古代史にも関心を寄せ、邪馬台国論争に加わっている。

市立中央図書館は、建築家のあいだで評判の、創造的な空間づくりに腐心した斬新な意匠の近代的な建物だ。

二階の郷土資料室に、膨大な数の〝邪馬台国本〟が並んでいた。ざっと数えて一五〇冊近くある。北九州市民の邪馬台国への関心の高さをひしひしと感じる。できるだけたくさんの本に目をとおしたいと思うが、旅の時間が許してくれない。

そういうことで十月初めにまたまた西下した。

往路は、いろいろ迷った末、日本の高速バスのなかで最長時間（14時間34分）を走る山口県の萩《はぎ》行き夜行バス（岩国《いわくに》駅前、徳山《とくやま》駅前、防府《ほうふ》駅前、山口駅前などに停車）にした。

東京駅と萩駅や山口駅を結ぶ列車は、現在、過去ともに一本も運転されていない。八重洲で「萩」の文字を見るのはちょっと感動的だ。

しかし、防府駅前の到着が30分ほど遅れて予定の電車に乗れず、下関駅着は『時刻表』より45分の遅れとなった。

下関といえば「フク」が思い出される。平安時代の古書に「布久」とあることなどを根拠に下関の人たちは「ふぐ」とは呼ばずに「フク」という。下関は水揚げの全国シェアで約八割を占める、まさに本場である。

一人でフクを目当てにおとずれるときは、関門海峡を見下ろす公共の宿がおすすめだ。出発前に予約できれば愉快な旅になる。数人連れの旅行なら「火の山」の麓と頂上に、気軽にはいれる専門店がある。頂上の展望レストランは、一時間に一回転し、三六〇度の展望を楽しみながら、手頃な値段でフクのフルコースを堪能できる趣向になっている。

最高級のもてなしを求める人は春帆楼《しゅんばんろう》に宿泊するのがよい。竜宮城にでもきたような気分になれるだろう。春帆楼の名づけ親は伊藤博文である。春うららの海峡にたくさんの帆かけ船が浮かぶ様を屋号にしたのだそうだ。

猛毒のフクだが、江戸期の赤間関ではけっこう消費されたらしい。禁止令の対象は武士に限られていて、北前船の乗組員や廻船問屋の主人などは好物にしていたようだ。

さて、翌朝、下関駅西の定宿で目覚めて、ふと思った。——本日は、北九州市立中央図書館といわず、福岡の図書館へ行ってみるべきではないか。九州説の本家は福岡だろう。

ホテルのパソコンで検索すると、福岡県立図書館は、箱崎《はこざき》小学校と向きあっているという。その昔、西鉄の1000形連接車が行きかう電車通りをはさんで、火の見やぐらのたつ小さな消防署があった場所だ。

駅から図書館へ向かって歩くとき、いつも私はわくわくする。どんな本にめぐり会えるだろう……。台風が近づいていて、このたびも長居はできないのだが。

思ったとおり、福岡県立図書館には、邪馬台国をめぐる書籍が本館と別館に所せましと並べてあった。金印について語る本も多い。

八尋秀喜《やひろひでき》著『秘められた邪馬台国』（梓書院）は、まさに出会ったといえる本だ。雑学本ふうの構成で読みやすく、歯切れのよい明快な文体に好感がもてる。著者の八尋秀喜は測量の仕事にたずさわった福岡県庁の元職員だという。以下の指摘は私の「謎解き」と合致する。おおいに勇気づけられた。

――『倭人伝』に書かれた方位を単純に出発地から見た目的地までの方位とする考えは誤りです。陸上での方位は、出発地点から見える範囲の峠や道などの方向をさします。


この考え方を私は、陸ではなく、海の上で発見したのだ。

「なあんだ、そんなことだったのか」という声が聞こえてきそうな気がする。

かつてはこういう発見・発明を「コロンブスの卵」と呼んだ。

八尋秀喜は、重い機材を担いで道なき山野をはいまわる仕事を何十年にもわたってつづけたという。私はいまだにフェリーや普通電車で夢路をたどりながら長距離を移動する旅をくり返している。だれかに「長い一途な人生の末に、ついに卵を発見したんですね」といってもらえたなら、『秘められた邪馬台国』の著者もうれしいだろう。

八尋秀喜は、不彌国を今の福岡県飯塚市に比定するにあたり、この発見を適用している。

「方位」といえば、いま一つ、長年にわたる邪馬台国論争のなかで「方位のゆがみ」が指摘されてきた。しかし「コロンブスの卵」にいわせれば、「ゆがみ」でもなんでもないことになる。

「倭人伝」の初めにある次の部分だ。


……又渡一海 千余 里。至 末盧国。

……東南陸行 五百里。到 伊都国。

……東南 至 奴国 百里。

……東行 至 不彌国 百里。


つまり、これを従前の論者たちは「伊都国は末盧国より東南 五百里の地点にある」「奴国は伊都国より東南 百里の地点にある」「不彌国は奴国より東 百里の地点にある」と読み「方位が現実と異なる。四五度〜九〇度ゆがんでいる」と論じた。

すこしややこしい話なので、北部九州の地図を示し、「今の唐津市〜今の糸島市」「今の糸島市〜今の福岡市」「今の福岡市〜今の糟屋郡宇美町」を直線で結んでみせた〝邪馬台国本〟も、少なくない。

たしかに糸島市へ向けて唐津市からのばす直線は「東南」ではなく、東北へ向かっている。糸島市から福岡市へのばす直線は「東南」ではなく東北東へ向かっている。福岡市から宇美町へのばす直線は「東」ではなく東南へ向かっている。

「直」の思考をやめ、出発地点で一歩、二歩と踏み出すときの方角が、それぞれ「東南」「東南」「東」であったにすぎないのだと「曲」の思考に切り替えさえすれば「方位のゆがみ」に頭を悩ます必要はなくなる。

「邪馬台国＝大和」説を唱える学者のなかには、この「誤差」をとらえて、邪馬台国への「南」についても「『倭人伝』の記述を盲信することなく、『南』に九〇度の補正を加えて『東』と読み替えるのが妥当である」と論じる人がいる。

曲は曲でも曲解の類といえよう。このような、相手の足元をすくうような論を、二十一世紀にはいってなお堂々と学者が述べていると、「邪馬台国＝大和」説の品位は下がる……。

そしてまた、「卑弥呼の墓はどこにあるのか？」という問題について、「それは伊都国だ」とする八尋秀喜の論はたいへん興味深い。

「倭国大乱」の果てに卑弥呼は、それまでの男王に代わって「共立」されたのであり、平和的に交代していることから「有力な国王の娘」だった、つまり「代々、王が存在した伊都国の王の娘」だったことが考えられる。卑弥呼には夫がなかったのだから、亡くなったら墓は実家につくっただろう——と、八尋秀喜はいう。

ただし、この点について、吉野ヶ里遺跡の発掘調査および整備保存を主導している考古学者として高名な高島忠平《たかしまちゅうへい》が、１９９６（平成八）年に次のように発言していることを、私は後になって知った。

――卑弥呼の出身地がどこかにあって、卑弥呼が死んだら、古墳時代の大王墓のようにそこへ帰って葬られた可能性のほうが強い。

八尋秀喜は、伊都国（糸島市）の平原古墳《ひらばる》が卑弥呼の墓だという。

『秘められた邪馬台国』はもちろん九州説だ。吉野ヶ里を邪馬台国に比定している。

その論拠の一つに、1975（昭和五十）年に行われた丸木準構造船「野生号」による航海実験の結果をつかっている。宮崎県の西都原《さいとばる》古墳で出土した船の形をした埴輪をモデルとして「野生号」はつくられたという。船舷に多数の櫂《かい》受けが並んでおり、帆かけ船ではない。

三世紀の倭国において重要な幹線交通路である「瀬戸内海・玄界灘・対馬海峡ルート」に、櫂で進む丸木準構造船が用いられたのかどうか……。この点は熟考が必要だろう。

「野生号」の実験結果から「九州北岸～釜山を航行できるのは波の高さが0・5メートル以下の静穏な日に限られ、そのような日は五月下旬～八月中旬の計三〇日程度にすぎない」という制約が生まれている。秋から春にかけて国際航路は運休だった……。

また、漕げる時間は、一日5時間が限界だったという。

私は、最先端技術を満載した帆かけ船が就航していて「波の高さ0・5メートル」以上でも出帆したと考える。日の出から日没まで航海したと考える。この点については、2章で詳しく考察する。

そしてもう一点、つけ加えておきたい。ずっと後になって目にとまったのだが、『新版まぼろしの邪馬臺國』も、こんなことをさりげなく述べている。

――末盧と伊都を直線で結べば、たしかに伊都は東北に当たる。だからといって方角の記事がまちがっているとはいえないのだ。「東南に(向かって)陸行すれば五百里で伊都国に達する」という意味で「東南の伊都国に到る陸行五百里」といった意味のことは書いていないのである。(一部省略)

2章　邪馬台国　大和説への疑念

（1）一大国と末盧国の新たな比定

現実の距離、現在の戸数に照らしてみると

私は、邪馬台国は大和にあったと考え、そこへ至るまでに通る国々を、新井白石以来の定説に反して、こう比定したいと述べてきた。

水陸の結節点 ＝ 播州室津
投馬国 ＝ 吉備（楯築墳丘墓の周辺）
不彌国 ＝ 赤間関（長門一宮の周辺）
奴国 ＝ 現在の＊北九州市
伊都国 ＝ 宗像大社辺津宮の周辺

現在の北九州市は人口約96万人。関西より西で第三位の大都市である（福岡市、広島市に次ぐ）。近世には豊前藩主が小倉に城を構え、門司大里には、本陣をはじめ諸大名の御用船屋敷や番所が置かれた。古代において、現北九州市の海岸線は今よりずっと山側へ退いてはいたけれど、福岡・博多の平地に比べれば、広かったと思われる。

これから2章（1）では、伊都国より前の末盧国、一大国、対海国について、その位置を、私なりに比定してみたいと思う。

「倭人伝」はいう。

……始度　一海千余里。　至対海国。　方可四百余里。　有　千余戸。
……又南渡一海千余里。名曰瀚海《かんかい》。　至一大国。　方可三百　里。　有三千許家。
……又渡　一海千余里。　至末盧国。
……東南　陸行五百里。　到伊都国。

対海国が現在の対馬であることに異論をはさむことはしない。地図を見れば一目瞭然だ。

しかし、たいていの論者が「一大は一支《いっし》（壱岐）の誤りである」と断じることに疑問がわく。一大は壱岐ではない――のではないか。

地図を見れば明らかなように、「釜山〜対馬」「対馬〜壱岐」「壱岐〜東松浦半島」の距離は、だいたい「三対二対一」である。「どれも千余里」というものではない。

この場合、南北に長い対馬のどこにディバイダーの針先を置くか――。中央部、浅茅《あそう》湾に面した小船越《こふなこし》とするのが穏当だろう。

ここで、素朴な疑問「それでは、古代の人たちは距離をどのようにして測定したのですか？ そもそも測定などできたのですか……」が浮かんでくる人もあろう。

「それは目視です」が私の答えデス。測定器具、道具の類はなに一つ発明されていなかった。したがって「千」は正確な数字とはいいがたい。

しかし、時間・距離・速度の三者のあいだに一定の法則が成り立つ――ことは古代人といえども心得ていただろう。他国との戦争で軍事作戦にうってでるとき、時間・距離・速度の想定にミスがあれば悲惨な負け戦を招く。

門脇禎二《かどわきていじ》は、その著書『邪馬台国と地域王国』（吉川弘文館）で「『東夷伝』の基本的な性格は〝軍事情報誌〟である。決して地誌でも紀行文でもない」と述べている。謝銘人《しゃめいじん》も『邪馬台国中国人はこう読む』（立風書房）で「編集の目的は『四夷の変に備える』という意図にあった」と指摘している。

時間・距離・速度についての詳しい検討は次節で行いたい（117～119ページ）。

さらに「倭人伝」は、対海国と一大国の戸数についても具体的な数字をあげているが、それによれば、戸数の比は「一対三」となる。

これではいくら海の向こうの三国時代の人たちがとらえた数字であるとしても、現実の距離、*現在の人口に照らして「一大国＝壱岐」とするには無理がある――といわざるを得ないことが、わかってくる。

「一大国は壱岐ではない――のではないか」は中学生レベルの疑問というべきだろう。けれども、その問題提示に私はまだ接していない。わかりやすい答えが出される以前の段階である。

次に、末盧国はどうだろう。

末盧国といわれて、私が思い出すのは、松浦鉄道だ。

長崎県の松浦市をとおり、同県の佐世保市と佐賀県の有田町《ありた》を結んで第三セクター松浦鉄道の線路がのびている。かつての国鉄、松浦線である。

私は、8620形（愛称ハチロク）やC11形の蒸気機関車が活躍していた時代を知っている。この線路を走る汽車に何度も乗り、線路端に幾度となく三脚をたてて撮影した。真冬におとずれると、北西の季節風が海から吹きつけて、たいそう寒い思いをさせられた。機関車の白い煙は空へのぼらず、煙突を出るや、まるで長崎諏訪神社の竜踊り《じゃおど》のように、列車の側面を舞って、散った。

近年も、途中下車をして沿線の名所旧跡をめぐり歩き、今福《いまふく》駅近くにある旅館や対岸の鷹島《たか》にある老舗旅館に宿泊し、海の幸をおなかいっぱい食べて、至福のひとときをすごした。

この経験から、末盧国を名護屋《なごや》や唐津付近に比定する定説に、違和感を覚える。たしかに、半島名に「松浦」がついてはいるが……。

松浦鉄道沿線の、海に面する一帯は、勇猛果敢な海の武士集団・松浦党のふるさとである。数年前、鷹島のそばの海底で元寇《げんこう》の船の残骸が発見されて話題になってもいる。末盧国を今の松浦市近辺に比定しないのであれば、唐津といわず、もっと別の場所へもっていってもよいのではないだろうか。

そして、「倭人伝」の「至」と「到」のつかい分けを、多くの論者が指摘していることについて――。

「至」は「そこに着いた」くらいの意味しかないが、「到」には「ついに、目的地としていた地に到着する」という重い意味がこめられているのだそうだ。

「倭人伝」が列記する国々のうち、「到」と述べているのは狗邪韓国と伊都国だけで、邪馬台国ですら「至」だ。

なにしろ伊都国は「倭人伝」が「郡使往来常所駐」という国で、帯方郡から遣わされる使者は、いつもしばらく、ここにとどまった。また、伊都国には「一大率」も置かれていた。

そこで、「魏の使者は、伊都国で役人から倭についての聞きとりを行い、そのまま帰途についた」と論じる人が少なくない。「はるばる出向いたけれど、伊都国まで行けば役目はすんだのだ」と考える論である。

これに対して「では、なぜ伊都国（糸島市）へ直行せず、一大国（壱岐）の次に末盧国（東松浦半島）に上陸したのですか？」という、もっともな疑問は出されている。

この問いへの明快な解答も、私はまだ目にしていない。

いわく「臨時のコースだったのだ」、いわく「伊都国には寄港に適した港がなかった」……。

このような苦しい言い訳が市販の〝邪馬台国をテーマとする本〟に書かれている。

＊北九州市＝北九州市は、1963（昭和三十八）年、門司市・小倉市、戸畑市、八幡市、若松市の五市合併で発足した。その当時は、北九州工業地帯が、京浜、中京、阪神と並び、四大工業地帯の一

つとして隆盛を極めていた。邪馬台国論争でしばしば用いられる「北九州」は、昔の豊前、豊後、筑前、筑後、肥前をひとくくりにした呼び名だと思われる。

＊2014（平成二十六）年九月末現在の人口
対馬市＝約三万三〇〇〇人。

壱岐市＝約二万八〇〇〇人。

日本海は見方によっては内海といえるだろう

一大国と末盧国の、私の比定を述べさせていただくときがきたようだ。

まず、素朴な疑問に対して、私ならこう答える。

「魏の使者は向こうからおいでになったのです。向こうから倭を見ると、どうなるのか……。それが大切でございましょう。つまり、朝鮮半島のほうから倭を見る」

「どうやって？」

当然、そうつづく。

「それは簡単にできます。地図を逆さまにして眺めてみればよいのです」

この発想は「日本列島南転説」（41ページ）が呼び水になったものと思われる。

私は、仕事場の壁にA全判の日本地図を貼りつけているが、ある夜ふと、それを逆さまに貼りなおしてみる気になった。

「うむむむ……」

これまで見たこともなかった日本列島を前にして、表情が大きく変わるのを自覚した。眉根を寄せて、うなった。

北海道が左下、九州と四国が右上にある。とても日本とは思えない姿だ。

こちら側からばかり見ないことが大切なのだ。相手の立場にたって考えるのが日本人の美徳だったはずではないか――などという一文が頭のなかに浮かんだ。

朝鮮半島の南の海岸に立つ者に、日本列島はこのようにとらえられているのだと思える。

これまで、すべてといってよい論者が「魏の使者は帯方郡から船で狗邪韓国へ到った。そして対馬、壱岐、松浦の順で海をわたり、そのあと陸行して糸島へ到った」と「倭人伝」を読んできた。

目を開いてよーく見よう。対馬へわたろうと考えるのは自然の成りゆきだろうが、その次の目標は壱岐であろうか……。逆さま地図をよく見つめると、壱岐は、九州本島に押しつぶされて、ほとんど気にならぬ存在になっているではないか。

かわりに壱岐よりはるかに目立つ島がある。

驚嘆の声が聞こえてくる。

「たしかに、九州本島の右にある島々が、やけに大きく目に映ります！」

私はにっこり笑って深くうなずく。

「この島々を五島《ごとう》列島と申します。朝鮮半島から見れば、日本の西端は五島列島である。――そのように見えると思うのです。絶海の孤島というのでもありません。十八世紀の江戸の洋風画家・司馬江漢が鯨漁を見物したという生月《いきつき》島も目立つようになりましたが、それ以上に五島列島の存在感がとてつもなく大きくなりました」

もちろん、一七〇〇年以上も前のことだから、地図らしい地図はなかったとも考えられるけれど、いちおう「禹貢地域図」の存在は示されている。

精密に描かれた地図はなかったとしても、対馬海峡や玄界灘を船でわたって往来した以上、朝鮮半島南岸の様子、九州北岸の様子、海域の島々のことについては、かなり正確に、当時の海人《あま》たちが認識していたと考えるべきだろう。いい伝えと経験によって知識を身につけた海人たちが水先案内をつとめてこそ、海をわたることができた。わたる気になった。

水先案内人が使者に問う。

「これより対海国を出発して東へ行けば沖ノ島だ。そこで南東へ方向転換して伊都国だ。対海国より南東へ進めば、壱岐と呼ばれる島がある。南南西には、大小の島々が縦に長く連なって浮かんでいる。ここが倭の西端だ。距離は、五対二対五だ。どれにするか？」

魏の使者は、「南南西へ進もう！」と即答しただろう。

「なぜですか？」の問いには「大陸にいちばん近いのですよ。五島列島が」と、私は答える。

「そうか、なるほど。大陸にいちばん近い国の様子を見ておきたかったから、使者は伊都国へ直行しなかったというのですね」という反応には、春風の暖かさが感じられる。

　私は、目を細めて、満足そうに言葉をつづける。

「通常の往来は、この海域で最大の島である対馬に寄港しながら、沖ノ島をかすめる『沖ノ島路』をたどったのです」

　話はすこし飛ぶが、そういえば、*渤海国《ぼっかいこく》の日本への使節は、冬の季節風を頼りにして船出したという。とにかく日本海へのりだせば、日本のどこかにたどり着くだろうと、おおらかに構えたらしい。

　逆さま地図を見れば、あちらの人たちは日本列島を巨大な防波堤とみなしていたであろうと思えてくる。あちらの人たちにとって外洋ではなく内海なのだ、日本海は。

　平城京や平安京をおとずれた渤海使は、日本で新しく船をつくってもらって帰国することが多かったという。乗ってきた船は傷みがひどかったので乗り捨てにしたのだ。新しい船には、日本から渤海国への使節が乗った。その使節が役目を終えて日本へ帰るとき、また渤海国から日本への使者が乗りこんだ……。そうやって、かなり気軽に日本海をわたったのである。

　気軽というより、厚かましい人たちだったようにも思えるが……。

　話を元に戻そう。

　今日、平成の首都圏には、九州のことなど、とんと気にならぬという人が数多い。まして、その九州の向こうに浮かぶ島々のことなど、だれ一人、意に介していないのではないか。

かつて京都方面にも「当時七万余戸を有する程の大国は、之を辺陲の*筑紫《つくし》に求めんよりも、之を王畿の大和に求めん方穏当なるに似たり」と、九州を「辺陲」と決めつけてはばからない学者がいた。

宮崎康平は「都会に住む人たちが、常に地方に対して抱いている『僻遠の地にそんなものが』といった意識」に言及している。私も、虚心坦懐にものを見る姿勢にならぬ限り、邪馬台国の真実にはとうてい到達できないだろうと思う。

いや、そうしたことをも超えて、地図を逆さまにおいて、向こうからこちらを眺めてみようと提案しているのである。さもなければ、都どころか九州に住む人さえ、五島の存在は、目にはいらないままとなろう。

一大国を五島とするなら「倭人伝」がわざわざ「対海国と一大国のあいだの海を瀚海《かんかい》という」と、つけ加えていることの理由もわかってくる。「瀚」は「広い」という意味の文字である。

これにちなみ、本書ではこれ以降、「狗邪韓国《くやかんこく》～対海国《たいかいこく》～一大国《いちだいこく》～末盧国《まつろこく》」のルートを「瀚海路」という名で呼びたいと思う。

逆さまに置いた日本地図をさしながら、私はつづける。声がだんだん大きくなっていく。

「五島を『一大国』と呼んだと考えるなら、『千余里』が光り輝いてくるではありませんか。『又、一海を渡り千余里』の末盧国は、ここでございます！」

「いや、それは無茶苦茶だ。そこは糸島《いとしま》半島の付け根で、伊都国《いとこく》があった場所というのが定説ですぞ！」

たまらず間髪を入れずに、そうさえぎる声があがる。

福岡藩の西の城下、つまり「福岡城と唐津城の中間あたり」を、私は、木製の物差しでさしている。腰を浮かせ、肩をいからせて、手に力をこめている。しかし呼吸はすこしも乱れていない。

聞き役の一人が私をせかす。

「定説はともかく、これで末盧国までできました。その先は伊都国ですが」

「その前に、もう一つの発見をお話させていただきたい」

「おお、まだ論者たちの研究に異論がおありか」と、論敵が口をとがらす。

私は元のあぐらをかく姿勢に戻って、おだやかに、いう。

「異論というのではなく、疑問です。『伊都国から奴国《なこく》までのあいだ』と『奴国から不彌国までのあいだ』については『陸行』なのか『水行』なのかを『倭人伝』は明言していないのです」

……東南 陸行　五百里。到伊都国。㋑
……東南 至奴国　百里。㋺
……東行 至不彌国　百里。㋩

このように、方角と距離は記しているけれど、「陸行」「水行」の別には、この二つの区間に限って、ふれていない。

なぜだろう？

謝銘仁著『邪馬台国 中国人はこう読む』などは「文脈上㋑を受けて㋺㋩は『陸行』の二字を省略している」というが、私は、「陸行」とも「水行」ともいい切れなかったからではないかと思う。

伊都国から不彌国《ふみこく》へ船で一気に行く者たちもいる。また、「陸行」して奴国にたち寄った者たちにしても、次の不彌国へ至るためには、「陸行」とともに「水行」が必要だった。

すでに述べたように、伊都国を私は今の宗像《むなかた》に比定する。現在の行政区分でいえば、宗像市・福津市である。

伊都国（宗像市・福津市）と奴国（北九州市）のあいだには大河が流れている。遠賀《おんが》川だ。古代において遠賀川の河口は今よりずっと山側にあった。宮﨑康平は「弥生期末から古墳時代の前期にかけて、この川の河口はまだ直方《のうがた》市付近にあって、古遠賀湾と称せられる湾の奥に注いでいた」と『新版まぼろしの邪馬臺國』で述べている。

かなり遠回りになる「陸行のみ」を選択しない限り、伊都国（宗像市・福津市）と奴国（北九州市）とのあいだでも、「水行」が必要だった。

では、末盧国（糸島市）に着いたあと、船はどうしたのだろう？　使者たちを乗せて「瀚海路」

をわたってきた帆かけ船は……。

おそらく正使、副使など数人を末盧国でおろし、伊都国へ向かい、ここで積み荷の検査などを受けたのであろう。そして、その船団は不彌国へ先回りした。正使、副使などは、倭の様子を視察する任務を帯びていたので「陸行」した。古遠賀湾を渡し舟で横切り、奴国から定期の渡海舟を利用して不彌国へわたった。不彌国で、船団と合流した。

これで、本書オリジナルの「一大国〜不彌国」の比定は、包み隠さずすべて披露した。次は「不彌国〜邪馬台国」の「距離」「日数」の問題に、「航海」の観点から迫る。

その難関の先に終点はある。

＊渤海国　＝　698〜926年。版図は二十世紀の「満洲国」とほぼ重なる。「広い意味では唐の辺境の一部を構成する藩屛《はんぺい》国であった……しかし……形の上ではともかくも……実質的に属州、属国とはいえない立派な独立国だった」（上田雄著『渤海国』）とする見解がある。
＊筑紫　＝　一般には現在の福岡市南郊およびその南部一帯を意味するが、邪馬台国論争では、多くの場合、九州全体または北部九州をさしているようだ。

(2) 三世紀の船の形を想定する

十八世紀頃の弁財船よりやや小さな、一枚帆の構造船

邪馬台国の使節を乗せて国際幹線航路を航海した船、また帯方郡の使者を乗せた船は、いったいどのような形をしていたのだろう。速さは、どれくらいだったのだろう——。

これを追究する勉強を、室津、吉備、下関、橋立、酒田などへの旅と並行して進めた。何冊もの書籍に取材させていただいた。しかし、いずれの書籍も古代の船の記録がひじょうに少ないことを嘆いている。遣唐使船にしても、歴史上初めて具体的な形となって現れるのは、鎌倉時代に描かれた想像図だという。

ともあれ、三世紀において国際幹線航路に就航した最先端の船について、これから本書で、一つの想定図を描きだしてみたいと思う。

その世界に踏みこんでいく前に、念のために「櫂《かい》」「橈《かい》」「櫓《ろ》」のちがいを、おさえておこう。本書は『日本大百科全書』(小学館)、『日本の古代3 海をこえての交流』(中央公論社)の解説に沿って、以下のようにつかい分けることにする。

櫂　英語で paddle という。両手(または片手)で握り、座って漕ぐ。長崎市や兵庫県相生《あいおい》市のペーロンを思いだしたい。

橈　英語で oar という。船側に支点（橈座）があるので船舷の高い船でも使用できる。漕ぎ手は進行方向に背中を向けて漕ぐ。滋賀県瀬田川や埼玉県戸田《とだ》市のレガッタを思いだしたい。

櫓　童謡に出てくる、今年六〇歳のお爺さんが元気いっぱい、ぎっちら、ぎっちらと、しならせて漕ぐ船具。ふつう船尾に一本だけついている。櫓は、先のほうを常に水中にさしこんだ状態で操作する。

なお、本によっては「櫓橈」「櫓櫂」の表現も見られる。古代船の想像図や線刻画のなかには、細長い船具を船側から海へ突きさし、並んで立つ漕ぎ手がそれを一本ずつ握っているものもある。それを説明書きで「櫓橈」「櫓櫂」と呼んでいる。

では、まず渤海使船についてみてみよう。渤海使は、季節風を利用して、日本海をわたった。北西からの季節風を頼りに、真冬に日本列島を目ざして出帆した――と『渤海国』（講談社学術文庫）の著者、上田雄《うえだたけし》は史料を示して述べている。

渤海使はいつも毛皮を大量に持参し、平城京や平安京の王朝貴族を喜ばせたという。貂《てん》、虎、羆《ひぐま》など貴重な毛皮をもたらし、かわりに綿や絹をもち帰ったのだそうだ。渤海国から日本への使者は＊およそ二〇〇年のあいだに三〇回以上も渡来しており、いわば国の中枢同士で貿易を行ったのだ。

渤海国と日本のあいだを使節が往来した時代と、遣唐使の時代は重なっているから、両者の船の形は、当然、似ている。どちらも帆柱が二本の帆かけ船で、その帆は、すこし縦長の四角い形をしていたと考えられている。上から下へ、帆柱と直角に帆桁のようなものを何本も並べている。江戸期の弁財船の帆に比べると、端正で丈夫そうに見える。

『ものと人間の文化史 和船Ⅱ』（石井謙治 著）はいう。

――『続日本紀』をはじめとする日本側の史料によって、遣唐使船が中国系のジャンク式の構造船だと判断できる。

ジャンクは、中国で古代を起源として現代までつくりつづけられた帆かけ船である。船内を多数の区画に区分することで船体の強度を高めた船型を特徴とする。また、船底を扁平にすることで、水深の浅い港にも碇泊できるようにした船であった。

渤海国の使者が日本に初めて漂着してから数年後、新羅が朝鮮半島を統一する。これにより、遣唐使船は航路を変えざるをえなくなった。対馬海峡をわたり「*黄海北路」を通って入唐することをやめた。新羅と日本はあまり仲がよくなかった。

壱岐・対馬には寄港せず、日本列島の西端から一気に長江の河口付近を目ざして大海をわたるようになったが、これがよく難破した。とくに復路が難しかった。

遣唐使をおおざっぱに前期と後期に分けて、二隻の船で「黄海北路」をたどった前期に遭難はほとんどなかった。四隻の船で「*黄海南路」を横切り長江の河口方面を目ざすようになった後期において、無事に帰国した船は全体の七割だという。「よく難破した」で大過ないだろう。

そうするとやはり「九州と朝鮮半島を隔てる海は内海、大陸とのあいだの海は外洋」という見方が浮上する。先に述べた「日本海はあちらの人たちにとって内海なのだ」という論（102ページ）を「沖ノ島路」まで広げてよいのではないだろうか。

もし、ここで「玄界灘は、たいへんな荒海なんですよね」という質問が出るようであれば、私は以下のように答えよう。

玄界灘および響灘の海域について『北九州市史 近世』が、こう述べている。

――九州北岸に近い響灘に大きな瀬が四ヵ所、横たわっていた。これを避けて沖合を航行しようとすると白洲が待ちうけていた。この白洲は大潮のときには長さ2キロにもおよぶ干潟となる難所だった。

つまり、玄界灘は響灘とともに、すこしの操船ミスも許さない、難破しやすい海だったのだ。波静かな瀬戸内海や有明海と比べてしまうために、荒天の日の「荒波」が際立つのである。

ここにおいて、前にも述べたように（53ページ）「内海をわたって往来した『倭人伝』時代の船は、弁財船に似た帆かけ船だった」という仮説に至る。二つの「内海」を直通して蝦夷地〜大坂という長距離を定期的に航海した、あの北前船の弁財船である。

＊およそ二〇〇年のあいだに三〇回以上
　＝第一回（727年）〜第三四回（919年）
＊黄海北路＝対馬海峡を横切って朝鮮半島南岸へ至り、その後、陸地に沿って北上、黄海の北を通って中国の港に達する航路。
＊黄海南路＝日本の西端から大海をわたり、一気に、揚子江の河口付近を目ざす航路。

赤間関より大坂まで一月

では、船はそもそもどのような進歩発展の過程をたどってきたのか――。それについては、何冊かの解説書によって、概略、以下のような理解を得ることができる。

船の始まりは、巨木の幹をくりぬいてつくる丸木舟(くり船)だった。両手で櫂《かい》を握って漕いだ。やがて、木材を組みあわせて船体をつくるようになる。これを組立船とか構造船とか呼ぶ。丸木舟より、はるかに大きいので櫂というわけにはいかず、船側に支点を設け、長い櫖を海へ何本ものばすようになった。丸木舟と構造船の中間の準構造船と呼ぶべきものや、船体を二つ合わせた双胴船もお目見えしている。

準構造船となった頃、帆をはって風の力で走ることを覚える。準構造船は、安定性の向上を図って幅の広い船体を志向した。

帆の初めは、竹を細く裂いて編んだ網代《あじろ》帆や、蓆《むしろ》製の帆などがつかわれたと一般にいわれている。

けれども、『新版まぼろしの邪馬臺國』は、次のような断定調の見解を、さらりと述べている。

――邪馬台国時代においても、布製の帆船であったにきまっている。蓆は、海水をあびたらつかいものにならない。「倭人伝」に「桑を栽培し蚕を飼って糸をつむぎ、麻糸・きぬ・綿を産出する」とあるではないか。（要約）

ともあれ、船の最初の飛躍は帆の利用であった。

十八世紀までの日本の船は、大きさとしては*御朱印船《ごしゅいんせん》で頂点に達し、江戸幕府の鎖国政策で外洋へのりだす必要がなくなり、ぐんと小さくなる。

話はすこし横道にそれるが、「倭人伝」に次のような記述が見える。

……国々に市あり、有無を交易し、大倭をしてこれを監察せしむ。

邪馬台国連合の国々では、市が開かれ物々交換が行われていたのである。同時に商人の行きかいがあったのであれば、貨幣の流通も想起しなければなるまい。

この点については、大塚初重《おおつかはつしげ》が『邪馬台国をとらえなおす』（講談社現代新書）で「*新《しん》の時代に王莽《おうもう》は紀元十四年、新貨幣『貨泉《かせん》』を鋳造した。……弥生時代の後期の遺跡や古墳などからも相当量発見されている」と教えている。

*倭人の小国へ漢の皇帝が金印を授けたころには、すでに使節や商人が頻繁に往来していたと考えられている。対馬海峡・玄界灘を、まさか丸木舟を櫂で漕いでわたったのではあるまい。交易の品を積めない。商人が交易品と貨幣をたずさえて「沖ノ島路」をわたっていたのであれば、関門海峡に現れた船は、帆かけ船であった公算が高い。

帆かけ船への飛躍をもたらしたものは、やはり鉄器の普及であっただろう。鉄器の伝来は、紀元前100年頃といわれる。三世紀の邪馬台国は、すでに鉄の文化を享受していた。

「沖ノ島路」を航海して倭と朝鮮半島のあいだを行き来した船は、十八世紀の弁財船よりやや小さな、一枚帆の構造船だったのではないだろうか。四角い一枚の白帆を、一本の帆柱に掲げていただろう。

もしそうであれば、おのずと、瀬戸内海の航行に必要とした日数も想定できるのである。

十八世紀頃の北前船は、登りの赤間関から大坂まで、だいたい一月《ひとつき》で航海した。

加比丹が乗船した和船「日吉丸」は、赤間関から播州室津までおよそ二〇日間で航海した。

邪馬台国の時代に国際幹線航路をたどる船が「橈で漕ぐ準構造船」だったとしたら、とても「赤間関〜吉備　水行二十日」「吉備〜室津 水行十日」というわけにはいかなかっただろう。

今日の夜行フェリーはノンストップ、一晩で瀬戸内海を突っ切る。しかし、古代船は、例外を除き、夜は漁村の港に碇泊したはずだ。朝も、濃い霧がかかり五里霧中の状態であれば出帆が遅れた。夕方、海が凪《な》いでしまうと、その場に碇をおろして、じっとしているしかなかった。悪天候に見舞われ「待てば海路の日和あり」の言葉どおり、港にとどまってすごす数日間もあっただろう。向かい風のときは、右へ左へ忙しく間切ることで、航行距離が延びた。波が荒れているときは当然、船足が落ちた。

＊御朱印船 ＝ 鎖国政策に転じる前、徳川幕府が奨励した貿易の船。銀・銅・工芸品などを積んで台湾、カンボジア、シャムなどの南方へわたり、生糸・絹織物・砂糖などをもち帰った大型船。

＊新 ＝ 中国では、西暦8年に前漢が滅んで新となり、西暦23年に新が滅んで後漢となった。

＊倭人の小国へ漢の皇帝が金印を授けた ＝『後漢書』「東夷伝倭人条」に「倭の奴国、奉貢朝賀す……光武、賜ふに印綬を以てす」とある。その金印が1784（天明四）年、今の福岡市志賀島で出土した。発見者は甚兵衛さんという地元の農民だったといわれる。漢の皇帝が倭人の小国家の首長へ金印を授けてからおよそ一八〇年後に、卑弥呼は「親魏倭王」に封じられ金印紫綬をもらう。こちらの金印は、まだ発見されていない。

荒尾南遺跡の発掘で明らかになった帆かけ船の出現期

船の構造を記録した文献資料は皆無に近くても、遺跡の岩壁に残る船の絵（線刻画）と、出土した船形埴輪は、枚挙にいとまがないといいたくなるほど、意外な数にのぼっている。

大阪府柏原《かしわら》市の高井田横穴古墳群、鳥取市の吉川古墳群、熊本県宇城《うき》市の桂原《かずわら》古墳は六世紀から七世紀にかけての古墳であるが、これらで、「中央に一本の帆柱をたて、船首と船尾が反りあがっている船」の線刻画が発見されている。

岐阜県大垣《おおがき》市の荒尾南遺跡（弥生後期）で出土した大型壺には船が複数描かれ、その多くが帆をはっている。

荒尾南遺跡の登場はきわめて新しい。高速道路の建設にともない、二十一世紀の初めに、約一〇年間にわたって発掘調査が行われている。鉄道に詳しい人なら光景が浮かぶにちがいない「東海道線から美濃赤坂支線が分岐する地点」のすぐ横だ。西へ10キロほどで関ケ原駅に至る地点。

考古学者の森浩一は「日本での帆船の出現は最近発見された岐阜県大垣市の荒尾南遺跡出土の弥生土器の線刻画から、二、三世紀まで遡ることが明らかになってきた」と『古代史おさらい帖』（ちくま学芸文庫）で述べている。

さらに『日本航海術史』（飯田嘉郎《いいだよしろう》著）が「帯方郡から唐津に来る船はかなり大きな構造船で、櫓橈とともに帆を持っていただろう」と述べ、その根拠として「帆」の字が*後漢の時代に書かれた『尺名』に、また「櫓」の字が*戦国時代の兵書『呉子』に見えることをあげている。そして、茂在寅男《もざいとらお》は『古代日本の航海術』(小学館ライブラリー)で、歴史的に重大なことを、なんでもないことのような調子で述べている。

――帆は、フェニキュア、ギリシア、アラビアと共に、中国では紀元前一〇〇〇年頃から用いていたのであり、中国の帆かけ船が、そうとう古い時代から日本に来航していたことは、十分想像できる。(要約)

そういえば『日本書紀』の「巻第九 神功皇后」でも、新羅出兵のとき、「風は順風が吹き、帆船は波に送られ」、神功皇后の船団は「舵や楫を使わないで新羅についた」と書かれている。大阪市平野区の長原高廻《ながはらたかまわり》2号墳(五世紀)で準構造船をかたどった埴輪が出土し、重要文化財に指定されている。この船は平成元(1989)年、復元古代船「なみはや」のモデルとなった。帆をもたない「なみはや」は、大学のボート部員に乗りくんでもらい、大阪から釜山まで実験航海を行ったが、手漕ぎではほとんど進めず、付きそいの船に曳航《えいこう》されての航海になったそうだ。

* 後漢の時代 = 西暦25~220年。

＊戦国時代　＝西暦紀元前403〜同221年。

帆かけ船の速さと距離の関係

古代船の形について見たところで、次に、邪馬台国時代の人たちはどのようにして二地点間の距離を測ったのか――ということについて、すこし考察を加えておくことにしたい。

一見、本書の主題と無関係のようでもあるが、4章での論述に大きく関わってくる話なので、「そんなものかなあ……」と思いながら、おつきあい願いたい。

海をわたる「狗邪韓国〜対海国〜一大国〜末盧国」、つまり「瀚海路」の距離をどのようにして求めたのか。

国際航路に船を送りだすような国の指導者・責任者は、測定器具などなくても、いちばん初めに「基準となる数字」を定めただろう。たとえば、次のような手順で。

海上で船を進める時間＝一日12時間とする。㋐

㋐で進む距離＝一〇〇〇里と定める（表現する）。㋑

㋐㋑における平均速度（一〇〇〇÷12）＝時速83・3里をはじきだす。㋒

「一〇〇〇」は、いかにも「つくられた数字」という〝におい〟がする。なんらかの計器を用いて得た「一〇〇〇」ではあるまい。

鉄道の場合でいうと、第一世代の電車に何はともあれ１０００系の名をあたえ、２０００系、３０００系……とつづけて、１００００に達する頃には最初の１０００系が引退ずみであるから、また１０００系に戻した――という事例が少なくない。

それはそれとして、㋐㋑㋒を、まず「狗邪韓国〜対海国」に適用する。

「適度に追い風、波は高からず、晴れ、視程良好」という絶好の航海日和を選び狗邪韓国から対海国まで航海させて「基準の数字」を求めただろう。「時速83・３里」がそれである。

その結果、次の公式がつかえるようになった。

距離＝83・３×船を進めた時間
12時間をすこしオーバーしたので「一〇〇〇余里」だ。

次に「対海国〜一大国」の距離を「狗邪韓国〜対海国」のときとほぼ同じ条件の日を選び、ほぼ同じ速度を保って測定しただろう。そうしたら、やはり12時間少々かかった。したがってこの区間も「一〇〇〇余里」だ。「一大国〜末盧国」についても同様である。

「ほぼ同じ速度（時速83・３里）」であることを、どのようにして判断したのかといえば、それは「目視」であっただろう（95ページ）。あるいは簡易な初期形態の*ハンドログを用いたか……。

風、波、空模様、視程などの悪化に応じて「83・３」は減じる必要があった。

以上のように、「倭人伝」の時代は、実は船そのものが距離の測定器具であったのだ。

「狗邪韓国〜対海国 千余里」を「距離の基準」とすることで、話は進めやすくなった。一里が二十一世紀の今日の何キロに相当するのか——と考える必要はない。換算してはいけない。「陸行」についても、いくつかの条件別にデータを取得し「基準の数字」を定めていただろう。いうまでもなく陸行では、地形のありさまが大きく影響する。道は、ときに山中をくねくねとアップダウンし、ときに田園のなかを一直線にのびている。「基準の数字」は、道の屈曲度、アップダウンの度合い、天候などによって、ケースバイケースで増減して用いただろう。

古代の道については、近江俊英著『道が語る日本古代史』（朝日選書）が示唆に富んでいる。和歌山と奈良の県境に横たわる風の森峠で1994（平成六）年、古墳時代（五世紀）の道路が発掘されたという。「きわめて頑丈につくられた舗装道路であった」そうだ。そうであるなら二世紀末には「不十分ながらもそれなりに舗装された幹線道路」があっただろう。三〇ほどの国々の首長が一堂に会し「卑弥呼共立・停戦会議」を開いたのである。

また、邪馬台国連合の国々では、市が開かれ物々交換が行われていた。中国の硬貨・貨泉も流通していた。商人が交易品と貨泉をたずさえて「沖ノ島路」をわたっていた。国と国のあいだに〝街道〟が整備され、人々の行きかいがあったことが思われる。

＊ハンドログ＝約4・4メートルごとに結び目（Knot）を入れたロープの先に木片（Log）をつけ、これをハンドログ（Hand log）と呼んだ。船からハンドログを海へ投げ入れ、砂時計の砂が落

ち終わるまでに結び目がいくつ出ていくか――を数えることによって船の速力を計った。ここから、船の速度を表す単位が「ノット」になったといわれる。「ハンドログ」の登場は十六世紀とされる。

＊風の森峠　＝標高210メートル。奈良盆地の南端、御所《ごせ》市より南へ向かって国道24号線の山道をのぼり、風の森峠を越えると、吉野川河岸に五条市の市街地が見えてくる。

（3）女王の都の直前で船は沈没した

邪馬台国→帯方郡 四回、帯方郡→邪馬台国 二回

話がややこしくなるので、あとまわしにしていたのだけれど、このあたりで「魏の使者は、邪馬台国へ行ったのかどうか」という点について、考察したい。

多くの論者が「使者は卑弥呼に会っていない、伊都国で回れ右をした」という。「その結果、『倭人伝』の伊都国以下の記述には、まやかしが多く含まれている」という。

その主たる理由として「到」のつかい方をあげる（97・98ページ参照）。

たしかに、もし行って会ったのであれば、邪馬台国のこと、卑弥呼のことが「倭人伝」に、もうすこし詳しく出てきてもよさそうなものだと思える。

しかし、そもそも国家が編纂する「正史」は小説ではないのだ。人物像を詳らかにする作業に熱心ではないことを、とやかくいってもはじまるまい。

「倭人伝」は全文約二〇〇〇字の終盤で、卑弥呼のほか倭人の難升米《なんしょうまい》、牛利《ごり》、伊声耆《いせいき》、掖邪《えきや》狗《く》、載斯《さいし》、烏越《うえつ》、台与《とよ》、そして帯方郡の劉夏《りゅうか》、弓遵《きゅうじゅん》、梯儁《ていしゅん》、王頎《おうき》、張政《ちょうせい》といった人物を続々と登場させるが、地位・役割のほかに「どんな人なのか」に言及しているのは、卑弥呼についてだけなのである。

使者は邪馬台国へ行き、卑弥呼に会った——とする論者は、以下のように論じる。

卑弥呼は、難升米と牛利を代表とする使節を帯方郡へ派遣する。帯方郡の大守・劉夏の計らいでその使節は洛陽へ至り、朝貢した。魏の明《めい》帝は、忠孝を慈《いつく》しんで卑弥呼を「親魏倭王」に叙するとともに金印と紫綬《しじゅ》を賜与した。難升米と牛利には銀印と青綬《せいじゅ》を賜与した。さらに「絳地交龍錦五匹、絳地縐粟*罽十張、蒨絳五十匹を以て、汝の献ずる所の貢直に答」え、そして、卑弥呼へ特別に「紺地の布地にジグザグ模様のある錦三匹、細かい花模様をまだらに出した毛織物を五張、白絹を五〇匹、金を八両、五尺の刀を二振り、銅鏡を百枚、真珠・鉛丹それぞれ五〇斤を賜与し、みな包装のうえ封印して、難升米と牛利に託」したのである。——そのように「倭人伝」に書いてある。

　これが第一回目の朝貢とそれへの回賜であった。

「倭人伝」に「帯方太守の弓遵は、建忠校尉の梯儁たちを派遣して、詔書と印綬を奉じて倭国に詣らせ、倭王に拝仮《はいか》した。ならびに詔《みことのり》をもたらし、金・*帛《はく》・錦・罽・刀・鏡・*采物《さいぶつ》を賜与した」とある。「弓遵」は帯方郡の大守の名、「建忠校尉」は役人の官職名だ。「梯儁」は、倭へ派遣された使者の名である。

　この使者の役割は、伊都国へ到り伊都国の王に面会さえすれば、それですんだのだろうか……。もしそうなら、難升米、牛利にそのまま届けさせてもよかったのではないか……。なにも梯儁を派遣しなくても。

　魏の明帝から卑弥呼への回賜品にとどまらず、卑弥呼を「親魏倭王」に任ずると記した詔書、および印綬を奉じて倭国へ向かった使者なのだ。

以上のことから「使者は伊都国で回れ右をしたのであり、伊都国から先のことは伊都国で聞きとりをして報告したことなので正確さに欠けている」とする考え方は否定されなければならない。「伊都国 回れ右説」は、あたっていない。

――ここまでが、使者は邪馬台国へ行き、卑弥呼に会ったとする論者の主張である。

私も、難升米、牛利に預けるのではなく、同行した以上、使者は卑弥呼に会ったと思う。

「使者は邪馬台国まで行った」のなら、『南』は一大率が放った目くらまし」というとらえ方は成り立たないのである。

この点に関連して、「伊都国を境にして『倭人伝』の表現の仕方が変わる」ことが古くから取りざたされている。たしかに、伊都国までは「方位・距離・国名の順」だったものが、伊都国より先は「方位・国名・距離の順」に変わる。

ここにも、扉を開く鍵がひそんでいるのではないか――と。

実際に扉を開いてみせたのが、1947（昭和二十二）年の榎一雄の「放射式行程説」である。

しかし、この点についても、以下のような指摘に私はくみしたい。

吉村武彦が『研究最前線　邪馬台国』（朝日選書）でこういっている。

――陳寿は多くの報告書や既存の正史、制・詔に目を通し、これと思う部分を「倭人伝」に採用したのであり、依拠するものが変われば記述の仕方も変わる。引用元が伊都国の前後で異なるのだ。ことさらに重視する必要はない。（要約）

＊罽＝毛織物　＊帛＝絹　＊采物＝真珠・鉛丹をとる道具

黄幢をささげて張政、倭へ

倭から帯方郡・魏へ、および帯方郡から倭へ、その使節、使者は以下のように合わせて六回、行きかっている。これについては「倭人伝」に記載がある。なお、（　）内は魏の元号。

239（＊景初《けいしょ》三）年　邪馬台国↓帯方郡↓魏

邪馬台国からの使節が、帯方郡の役人に引率されて洛陽へ至り、第一回目の朝貢。代表は難升米と牛利。

240（＊正始《せいし》元）年　帯方郡↓邪馬台国

帯方郡の大守・弓遵が「邪馬台国の第一回目の使節」を帰国させる。その際、帯方郡の使者、すなわち梯儁たちを同行させる。その梯儁たちに、明帝が卑弥呼に賜与した金印、紫綬ほかを持たせる。

243（正始四）年　邪馬台国↓帯方郡↓魏

邪馬台国の使節が洛陽へおもむき、二回目の朝貢。使節は総勢八人で、代表は、伊声者と掖邪狗。

245（正始六）年

魏の皇帝が「倭の難升米に授ける」といって、黄幢《こうどう》を帯方郡に預けた。

247（正始八）年　邪馬台国↓帯方郡

載斯、烏越を代表とする邪馬台国の使節が帯方郡に行って「邪馬台国は今、南方の狗奴国と戦っている」と報告。

247（正始八）年以降　帯方郡↓邪馬台国

帯方郡の大守・王頎は預かったままになっていた黄幢を届けるために、邪馬台国へ張政たちを使者として派遣した。

247（正始八）年以降

倭へ到った張政たちは、卑弥呼が他界したこをを知る。

男王をたてるも諸国は服せず、倭の国内が乱れる。

卑弥呼と同族の女子で一三歳の台与が新しい女王となり、倭は治まる。

247（正始八）年以降　邪馬台国↓帯方郡↓魏

台与は、「張政たちを送りがてら洛陽まで行き朝貢するように」と命じて、二〇人から成る使節を派遣した。代表は掖邪狗。

このように、邪馬台国の使節は帯方郡へ四回、魏へ三回おもむき、帯方郡の使者は、二回、邪馬台国入りしている。帯方郡は魏の支配地であったから、帯方郡の使者は実質的に魏の使者だったといってよい。

それらの使者に「倭人伝」の編者・陳寿は、倭で見聞したことを報告書に認めて提出するよう求め、その報告書に依拠して「倭人伝」を執筆した——とする説が、的を射ていると私には思える。いや、報告書は陳寿が求める前に、すでに洛陽に届いていただろう。

なお、245(正始六)年に魏の皇帝が「難升米に授ける」といって帯方郡に預けた「黄幢」は、魏の軍旗である。

二年後の247(正始八)年に、邪馬台国と狗奴国とのあいだで戦争が勃発していることを知らされた帯方郡の大守・王頎は、難升米への「黄幢」授与を急いだ。「黄幢」は狗奴国への威嚇になるだろうと考えた模様。

240(正始元)年と247(同八)年頃、帯方郡の使者が「沖ノ島路」をわたり、倭の首都・邪馬台国を目ざした。

ふだん、民衆の前に姿を現すことはまずなかったといわれる卑弥呼であっても、海の向こうから長旅の末にたどり着いた使者は、居館へ迎え入れたであろう。

卑弥呼はどんな声を発して使者と接したのだろう。

もしかすると、意外にも羊の鳴くような声を出したかもしれない。かわいらしく「おほほほめえ」と笑ったかもしれない。

滋賀県立近代美術館に、卑弥呼を描いた日本画が収蔵されている。

ぽっちゃりした丸顔だ。頭の上に光り輝く冠をのせ、そこから耳の下まで、何本かに束ねたすこし赤い髪の毛が垂れている。口はおちょぼで小さい。鼻筋は通っている。目は一重で細い。しかし、黒目はこちらから全部見えている。いくぶん斜視のようだ。細い眉毛と相まって目の周りは大分県臼杵市の石仏《せきぶつ》を思わせる。首筋に色香がかすかにただよう。バックに赤く染まった三つの山。阿蘇山がイメージされているとのこと。

*安田靫彦《ゆきひこ》画伯、1968（昭和四十三）年の作品だそうだ。

さて、以上により、本書における邪馬台国論争も、難所をクリアーし、大詰めとなった。

邪馬台国は大和にあったのだ。

――――。

――――。

――――。

いや、ところが、突然でなんとも言葉が浮かばないのだが、この期におよんで思わぬ大波乱が巻きおこる。私の頭のなかに新たな迷いが生まれた。

――ほんとうに、大和といい切っていいのか。

＊景初三年　＝「倭人伝」には「景初二年」とあるが「景初三年」の誤りとするのが定説。
＊正始　＝魏の年号。西暦240～248年。
＊安田靫彦　＝1894（明治二十七）年～1978（昭和五十三）年。東京都生れ。東京芸術大学名誉教授。文化勲章受章。

残りの距離はおよそ一三〇〇里

海路の「不彌国～投馬国～室津」について理にかなった説明ができたように思っても、陸路の「室津～奈良盆地」が闇に閉ざされていることに気がついた。「こっちをたてれば、あっちがたたず」の状態になっている。

八月、下関の住吉神社をあとにして、自転車のペダルが重くなったのは、そのせいだった。

本書はまだ「エピローグ」を迎える段階にない。

このままで本書を終わらせると、九州のほうから鋭い反論や疑問の声をいただくことになるだろう。それらは鋭利な〝矛〟となって私の胸に突き刺さろうとする……。

「南へ向かって投馬国を出帆し、水行十日以内で播州室津に碇をおろす。そこで陸にあがり、一月以内で奈良盆地の邪馬台国に到着する――とおっしゃるが、その『播州から大和まで陸路で一月』というのは、長すぎはしませんか……。播州から大和まで歩くとなると、大阪平野を当然、通るだろうが、大阪平野に国はなかったのですね。投馬国の次は邪馬台国だったのですね……。赤間関の住吉神社は不彌国のなかにあったというなら、大阪の住吉大社の周りにも、なにか国が必要なのではありませんか」

しかし、この〝矛〟はまだ〝盾〟で防ぐことができる。私は「邪馬台国＝大和」説の立場を堅持して、なんとかふんばる。

まず「大阪平野に国はなかったのか」の問題。

今日、歴史学者、考古学者のあいだでは、「邪馬台国は、今の奈良県桜井市の纏向《まきむく》遺跡である」が大勢を占めつつある。

纏向遺跡の最寄り駅・巻向《まきむく》駅まで、山陽線の竜野《たつの》駅からJR西日本の電車を乗りついで行くと、その走行距離は176・6キロとなる。経由路線は、山陽線・JR神戸線・JR東西線・学研都市線・奈良線・桜井線。これに室津〜竜野駅の道程を足して、室津から纏向遺跡まで、約180キロである。

室津で陸にあがって奈良盆地を目ざす場合、大阪市住吉区を通る必要はない。現在の地名でいって、次のようなコースをとればよいのだ。

神戸市、西宮市、尼崎市をすぎたなら、淀川の右岸に沿って吹田《すいた》市、摂津《せっつ》市、茨木《いばらき》市とたどる。ここで淀川をわたり、左岸の枚方《ひらかた》市にはいる。そして、生駒《いこま》山地の北端を右にかわした後、針路を南とする。木津《きづ》町、奈良市、天理市を経て、奈良盆地の東南端の桜井市へ到る。

このコースをたどれば、投馬《つまこく》国の次が邪馬台国となる。

住吉区を通って奈良盆地を目ざすコース――すなわち、JR西日本の大和路線「大和路快速」でたどる道筋は、柏原《かしわら》駅付近から王寺駅付近にかけて、険しい峡谷の隘路《あいろ》である。近鉄の奈良線は長大なトンネルで生駒山地をクリアーしている。

それに、古代には、河内湖が存在したといわれることを思いだしたい。

その昔、海は生駒山地の山麓近くまで広がっていたのだそうだ。やがて、上町《うえまち》台地から北へ砂州がのびていき、弥生後期〜古墳時代に大きな海跡湖ができた。これを河内湖という。その砂州の付け根付近に住吉大社は創建されたのだ。

河内湖は淀川と大和川の水によって淡水化される。

今の大阪市住吉区に、大きな国はなかった。今の城東区、東成《ひがしなり》区、生野区などは河内湖の底に、また、此花《このはな》区、大正区などは海の底に沈んでいた。

次に「播州から大和まで陸行一月は長すぎる」の問題である。

かの松尾芭蕉は、『おくの細道』の旅で、区間によっては、一日に約50キロを歩いている。「室津〜巻向 約180キロ」は、芭蕉と曾良《そら》であれば、四、五日で歩きかねない距離だ。

もしかすると、播州室津より大和まで「陸行一月」には「途中下車」の時間が含まれているのかもしれない。奈良盆地の入り口で、使者の一行はしばらく留めおかれて「入国検査」を受けた……。一行が途中で足止めされたと考えるなら、「陸行一月」もありうる。

同様に、「不彌国より投馬国まで水行二十日」に対して「投馬国より室津まで水行十日」では、地図を見る限り、バランスがとれていないと思う向きもあろう。「倭人伝」の記述はそっけないうえ、技巧を優先してスッキリと整った数字で表そうと努めたフシが感じられるが、報告書には、以下のようなことが書かれていたのかもしれない。

――投馬国にたち寄りまして、挨拶かたがた聞きとりを行います。それに二日はかかります。さらに室津で船を係留して陸にあがります。邪馬台国へ行き、役目を果たしまして、また歩いて室津に帰ってくるまで、船が無事であるよう、係留作業には念を入れなければなりません。私たちは二つの班に分かれて、片方は陸行のための諸準備を整えました。これらに要する室津での時間を含めて「投馬国より室津まで水行十日程度」でございます。

こうして「播州より大和まで陸路で一月は長すぎる」「大阪平野に国はなかったのか？」の〝矛〟はなんとか防いだものの、つづいて目にも留まらぬ速さで〝毒矢〟が飛んできた。「不彌国より邪馬台国まで、残りの距離は一三〇〇里ほどしかないのだよ」の文が結んであった。この〝矢〟は私の胸に命中した。

「倭人伝」の自家撞着であるので、解答不能――という答えしか私はもたない。すでに書いてきたように、「倭人伝」は第一段、つまり初めの約六〇〇字で次のようにいう。

（イ）帯方郡より不彌国まで万七百余里。

(ロ)不彌国より邪馬台国まで（途中、投馬国にたち寄って）水行二十日、水行十日陸行一月。
(ハ)帯方郡より女王国まで万二千余里。

(ロ)に残された距離は一三〇〇里足らずなのだ。
(イ)(ロ)が正しければ(ハ)は成り立たない。
(イ)(ハ)が正しければ(ロ)は成り立たない。
あえて一つだけ〝妄想〟を述べさせていただくなら(ハ)に「二」がぬけた——ことが考えられる。「倭人伝」は「壱」「弐」「参」は用いず「一」「二」「三」と記している。

元(ハ)帯方郡より女王国まで二万二千余里

陳寿はこのように書いたが、一〇〇〇年におよぶ書写の過程で「二」がぬけ落ちた……。

いや、たしかに妄想だ。「東を南と書き損じた」とか「日が滲んで月に変わった」とかいう論と五十歩百歩だ。

義経・弁慶の腰越《こしごえ》留めおきではあるまいに、「奈良盆地の入り口で一行はしばらく留めおかれ入国検査を受けた」の発想も、我ながら恥ずかしい。妄想としかいえないだろう。

ここに至り、船頭が倒れた私の「大和丸」は、岩礁にたたきつけられ、こっぱみじんに砕け散った。

3章　邪馬台国　九州北上回帰　説

（1）九州をめぐった使者、その名を湜儁《ていけい》という

およそ一三〇〇里の地点へ回帰せよ

「方位」の問題が解けたといっても、同時に「距離」「日数」の難関を突破しないと、解決したことにはならない。――厳しいお言葉が私の耳の奥に響きわたる。

たしかに、そのとおりデス。

距離「およそ一三〇〇里」に「水行二十日、および水行十日陸行一月」の日数がかかる――とする「倭人伝」のこんがらがりを解きほぐさない限り、「方位」が解けたことにもならない。

〝ご都合主義〟をすべて排し、私は「倭人伝」の記述に寄りそって「方位」「距離」「日数」の謎を同時に、どうしても解きたいと思った。

「不彌国よりおよそ一三〇〇里で、しかも水行二十日、および水行十日陸行一月のところ」に邪馬台国はあると「倭人伝」はいう。そして「狗邪韓国～対海国」が「千余里」で、「末盧国～伊都国」が「五百里」であるともいう。

ふつうに考えれば「水行二十日、水行十日陸行一月＝およそ一三〇〇里」などありえない。

「およそ一三〇〇里」の距離に対して「水行二十日、水行十日陸行一月」の日数はかかりすぎる。

「水行二十日、水行十日陸行一月」の日数に対して「およそ一三〇〇里」の距離は短すぎる。

ここはもはや、まことに遺憾ながら、瀬戸内海への船出はとりやめにするしかない。

私は「邪馬台国＝大和」説を棚上げして、虚心坦懐の地点へ思考を戻した。すなわち、「不彌国＝赤間関」まであとずさりした。

そして、矛盾に満ちた「およそ一三〇〇里」と「水行二十日および水行十日陸行一月」を、どちらも成り立たせる方策はないものかと、毎日、寝ても覚めても思案にくれた。

その結果、２０１４（平成二十六）年十一月初め、案外すんなりと答えは出た。やはり長年にわたる「鉄道の旅」の蓄積がものをいったのだと思う。江戸期以来びくともしなかった「距離・方位・日数の謎」が動いた！

「およそ一三〇〇里」と「水行二十日、水行十日陸行一月」を合わせて有意にしようと思うのなら、「水行二十日、水行十日陸行一月」を行った後に、「不彌国よりおよそ一三〇〇里の地点」まで回帰すればよいのではないか……。ひどく安直な着想に思えて気が進まないが……。いや、それしかないだろう。これこそが合理的な読解だ。なんとしても「戻る」のだ。

「倭人伝」は不彌国の次に、「南 至 投馬国」という。南へ針路をとって船出できる地といえば赤間関しかない。不彌国の港より南へ向けて出帆したなら、南へ、南へ二〇日間ほど航海する。九州の東海岸に沿って。

今の宮崎県に佐土原《さどわら》という地がある。九州山地に源を発する一ツ瀬川が西都市《さいと》を流れ佐土原で太平洋に注いでいる。「佐土原から西都原《さいとばら》古墳群が横たわる西都市へかけての一帯」を、私は投馬国《つまこく》に改めて比定しなおしたい。

かつて、宮崎県に、妻線《つま》という行き止まりの短いローカル鉄道があった。日豊線《にっぽう》の佐土原駅より分岐して杉安駅《すぎやす》まで、20キロ足らず。途中に妻という駅があった。ここが西都原古墳群の最寄り駅だった。

1984（昭和五十九）年十二月号『国鉄監修 時刻表』を開くと列車は一日に六往復。「12月1日よりバスとなります」と書いてある。「日本国有鉄道経営再建促進特別措置法」に基づく「特定地方交通線」、その第1次廃止対象路線の一つとされ、妻線は、あえなく消えた。

昭和四十年代の末まで、妻線ではC56形と呼ばれる小型の蒸気機関車が貨物輸送に従事した。私は自分の足で線路沿いを歩き、三脚をたてて撮影している。真冬におとずれたのだが、一ツ瀬川の河原のあちこちにダイコンを干す巨大なカーテンがつくられていて、温かな空気が流れていた。昭和五十年代には、妻線の終点・杉安駅の駅前より国鉄バスに揺られ、米良荘《めらのしょう》を越えて、熊本県の湯前《ゆのまえ》へぬける旅も経験した。

妻、つま、投馬国。

妻のそばにある西都原古墳群では、先に書いたように準構造船をかたどった埴輪が出土し、重要文化財に指定されて東京国立博物館に収められている。

佐土原の港を南へ向かって出帆し、水行の後、陸にあがったなら、一月《ひとつき》かけて九州をめぐるのだ。

では、不彌国より水行二十日、および水行十日陸行一月という、とほうもなくはるかなる旅の末に邪馬台国入りした使者は、だれだったのだろう——。その人物の旅路を詳述することで「距離」「方位」「日数」の問題に対する私の答えの正しさを証明したいと思うのだが、旅路の場面の幕を開ける前に、長い前置きの口上がつづくことをお許しいただきたい。

247（正始八）年に始まる重大事件の数々

倭に派遣された使者として「倭人伝」に*梯儁《ていしゅん》と張政の名が見える。これに「倭人伝」の編著者・陳寿の年代を重ねてみよう。

233（建興《けんこう》十二）年　陳寿、生まれる。
240（正始《せいし》元）年　梯儁を倭へ帯方郡が派遣。
247（正始八）年　張政を倭へ帯方郡が派遣。
280（太康元）年頃　陳寿、『三国志』の編纂・執筆に着手。
297（元康七）年　陳寿、亡くなる。

張政が邪馬台国をおとずれた三世紀の半ば、倭は試練の時を迎えていた。「倭人伝」の最終段に、以下のような記載がある。

なお「倭人伝」は段落分けをいっさい行っていない。漢字だけを初めから終わりまでびっしり詰めて書きすすめている。「最終段」は、あくまでも読む側の便宜上のとらえ方である。

ⓐ＜対狗奴国戦の報告＞「邪馬台国は狗奴国と戦っている」と、邪馬台国が帯方郡へ使者を派遣して知らせる。

ⓑ＜張政を倭へ派遣＞曹芳帝から預かったままになっていた黄幢を届けさせるために、帯方郡の大守・王頎が、張政たちを邪馬台国へ派遣する。

ⓒ＜卑弥呼、死す＞卑弥呼は死んだ。

ⓓ＜倭、乱れる＞男王を立てるも諸国は服せず、倭は乱れる。

ⓔ＜台予、女王に即位＞卑弥呼と同族の女子で一三歳の台与を女王にしたところ、倭はようやく安定した。

ⓕ＜張政、帰国＞台与は、使者を付きそわせて張政を帰国させるとともに、その使者を洛陽まで行かせ朝貢した。

これらの出来事は、それぞれいつのことだったのか――。張政はいつ帰国したのか――。

「倭人伝」の最終段で、邪馬台国の主役は卑弥呼女王から台与女王に交代する。たいした文字数ではない。――簡潔に記述されているだけに、最終段の読解も一筋縄ではいかない。

「倭人伝」は、最終段で「景初三年」「正始元年」「其四年」「其六年」「其八年」というふうに「時」

を明らかにしたうえで、それぞれの年の出来事を綴っている（124ページ〜125ページ参照）。

そのうちの「其八年」で始まる最後の一節で、まず右のⓐの内容を記す。次にすぐⓑの内容を記す。したがって、だれが読んでもⓑの内容――つまり帯方郡太守による張政の邪馬台国への派遣は、247（正始八）年、さもなければ翌248（正始九）年の出来事だとわかる。

そしてⓒの「卑弥呼以死」のすぐあとに、「倭人伝」はこうつづける。


……更立男王。国中不服。更相誅殺。当時数千余人。復立卑弥呼宗女壱与年十三為王。国中遂定。

（更《あら》めて男王を立つるも国中服せず、更《こも》ごも相誅殺し、時に当たりて千余人を殺す。復た卑弥呼の宗女たる台与、年十三なるを立てて王と為し、国中遂に定まる。）


「卑弥呼以死」の「以」は「すでに」の意であると謝銘仁著『邪馬台国 中国人はこう読む』はいう。伊都国に到着してすぐ張政は一大率に会い、卑弥呼が亡くなったことを聞かされたようだ。「倭人伝」は、卑弥呼の死の経緯について何も教えてくれない。戦場で倒れたのか、病死か、それとも何者かに暗殺されたのか……。

ともあれ卑弥呼は永眠した。しかし「古代史を彩った巨人の一人」として、その名は永遠に歴史年表の第一ページに刻まれていくこととなった。

さて、卑弥呼の死につづいてⓓⓔである。すなわち、ある人物（男性）を王に擁立したものの諸国は服従せず、〝倭小乱〟となる。卑弥呼と同族で一三歳の台与を女王に即位させたところ、倭はようやく治まり、大乱の再来は回避できた。

弱冠一三歳の女王——と聞くと、私たちはすこし驚くが、実は、卑弥呼もほぼ同じくらいの年齢で女王に「共立」されたのである。

張政は、台与の女王即位と乱の終息を見届けて帰国するわけだが、その「時」については、判然としない。台与の朝貢の「時」をめぐって、論者によって解釈が異なっている。

以下の三冊を読んでみると——。（引用にあたり数字の表記は本書の方式に改めた）

森　浩一　著『古代史おさらい帖』　２０１１（平成二十三）年十月第一刷　ちくま学芸文庫
岡田英弘　著『倭国』　２０１２（平成二十四）年三月36版　中公新書
大塚初重　著『邪馬台国をとらえなおす』　２０１２（平成二十四）年四月初版　講談社現代新書

『古代史おさらい帖』はいう。

——台与の遣使は晋になってのことで、本来は『魏志』「倭人伝」に扱うべきではない。それはわかりながら陳寿は「倭人伝」の最期（原文ママ）の部分に晋への遣使記事をもってきたのである。ただし、その遣使がいつのことだったかについては書くことを避けた。

『倭国』はいう。

――『晋書』の「四夷列伝」によると、司馬昭《しばしょう》が魏の政権の座にあった255～265年、女王台与の使者は何度も洛陽に来訪している。265年の十二月、司馬昭の長男の司馬炎《えん》が晋朝を開くと、台与はさっそく使者を送って祝賀の意を表した。翌266年の冬に倭の女王の使が晋に朝貢している。（一部省略）

『邪馬台国をとらえなおす』はいう。

――多くの文献史学者は、卑弥呼は遅くとも248年には亡くなっただろうと指摘。*AMS測定法によって箸墓《はしはか》の築造が240～260年と限定されるなら、266年に遣いを送って爵位までもらっている台与の墓であるはずがない。（一部省略）

「台与が266年に晋へ遣使した」ことは右の三冊で共通している。

晋の建国は265年だ。

では、ⓔⓕの内容――すなわち「台与が女王になった」「台与は張政の帰国に際し、使者を付きそわせるとともに、その使者を洛陽まで行かせ、朝貢した」の「時」はいつなのか。

「倭人伝」によれば――。

……政ら檄を以て台与に告諭す。台与 倭の大夫たる率善中郎将の掖邪狗《えきやく》ら二十人を遣わして、政らの還るのを送らしむ。因りて台に詣り、男女の生口三十人を献上し、白珠五千孔・青大句……貢ぐ。

「政」は張政の略で、「台」は洛陽のこと——と研究者たちはいう。

ちなみに、この「貢ぐ」が「倭人伝」約二〇〇〇字の最後の最後の言である。

さて、重大ニュースⓐ~ⓕの「時」はいつか、もう一度、初めから確認しておこう。

ⓐ〈対狗奴国戦の報告〉——247（其八）年と「倭人伝」がはっきりいっている。

ⓑ〈張政を倭へ派遣〉——帯方郡太守のあわてた様子がうかがえるので、247（正始八）年、または翌248（正始九）年とみてよいだろう。

ⓒ〈卑弥呼、死す〉——これも247（正始八）年、または翌248（正始九）年と考えられる。

しかし、ⓓⓔⓕについても247（正始八）年、または翌248（正始九）年の出来事——というふうに考える人は、まずいないだろう。「倭人伝」はⓓⓔⓕの頭に「時」を明記していないのであるが、わずか一、二年でⓐからⓕまで、たてつづけにこれだけのことが起こったとは考えにくい。

では、ⓕの出来事、すなわち張政の帰国と台与の遣使は「晋になってからのこと」なのか？くり返しになるが、265年に晋が建国され、その翌年の266年に台予は晋に使節を送っている。しかし、張政の帰国もこのときだった——と考えるなら、張政は倭に二〇年近くも、とどまっていたことになる。乱がおよそ二〇年間もつづいたことになる。

台与女王の初の遣使と張政の帰国は『倭国』のいう「255～265年、女王台与の使者は何度も洛陽に来訪」に従って、255年以降、数年のあいだとするのが穏当ではないだろうか。『倭国』は「台与の使者は何度も洛陽に来訪」の出典を明記している。

帯方郡の使者・張政は、八年間、長くて一〇年ほど倭にとどまったとみたい。

では、その八～一〇年のあいだ、張政は倭で何をしたのか。――卑弥呼の墓に詣で、黄幢を難升米に手渡し、倭の乱、および台与の女王即位を目のあたりにした。そして、ときどき助言も送ったようだ。

「倭人伝」に見えるⓒ＜卑弥呼、死す＞ⓓ＜倭、乱れる＞ⓔ＜台予、女王に即位＞は、張政が書いた報告書に基づく記載とみて間違いないだろう。

ついでにいえば、「倭人伝」に登場する掖邪狗という人物の動きは軽視できない。掖邪狗は、邪馬台国で大夫の地位にあり、重要な政務にあたった人物である。卑弥呼より魏への第二回の朝貢で代表の一人をつとめた。また、ⓕの出来事、すなわち「台与が、使者を付きそわせて張政を帰国させるとともに、その使者を洛陽まで行かせ朝貢した」ときの代表である。

もう一つ、ついでの話。――今日「纏向遺跡の箸墓古墳こそが卑弥呼の墓だろう」とする論の広がりについては、すでに本書でもふれた。それを疑問視する人は、「箸墓古墳は、台与の墓ではないか」と発言する。けれども、元日本考古学協会会長の大塚初重は『邪馬台国をとらえなおす』のなかで、「箸墓古墳＝台与の墓」説すら否定するのである。

なお、三冊がいう「晋」は後に「西晋」と呼ばれることになる。

卑弥呼の死、〝倭小乱〟を経て、台与の女王即位により、倭はふたたび安定した。それは、早くて255年だったと考えられる。帯方郡からの使者・張政は、「任務はまっとうした」と判断し、魏への朝貢使節に付きそわれて、255年以降、数年以内に帰国する。

＊梯儁＝「ていけい」と読み仮名をふる本もある。
＊ＡＭＳ測定法＝炭素14年代測定法（30ページ参照）において、近年に開発された加速器を用いて測定する方法。測定時間が従前より短くてすみ、試料も少なくてよいという長所があるとされる。

「瀚海路」をたどって、まず倭の西海へ

さて、前置きがたいへん長くなってしまったが、私が問題にしたいのは、「九州を旅した使者はいったい誰だったのか、そしてそれは、いつのことだったのか」である。

井波律子《いばりつこ》著『三国志演義』（岩波新書）によれば、陳寿が『三国志』の著述・編纂に着手したのは280（太康元）年頃だそうだ。280年に呉が滅び、晋が中国を統一している。

さて、そういうわけで、本書もようやく「使者の旅路」を綴るところまでこぎつけたようだ。

3章の以下の内容は、引用部分を除き、私の想像の記述である。いいかえると、すこしおこ

がましいが、渾身の「古代幻視」である。

哲学者の梅原猛が『古代幻視』と題した著書のなかで、「古代を認識するためには、幻視の能力が不可欠である」という意味のことをいっている。

陳寿は、五〇歳近くになって『三国志』の執筆を始めるにあたり資料類の読みすすめに没頭しただろう。梯儁、張政の報告書のほか、「倭人伝」に表れない使者たちの報告書も散見されたかもしれない。

しかし、梯儁の渡海は陳寿七歳の頃、張政のそれは一四歳の頃の出来事であった。

陳寿にとってふたりの報告書の内容は「古い」というほかなかった。長く狗奴国が支配する「南」の情報が決定的に不足していた。また「沖ノ島路」や壱岐・対馬経由の道筋については詳述されていたが、第三の航路「瀚海路」の様子がぬけ落ちている。

陳寿は、改めて倭へ使者を派遣したのだ。

梯儁、張政は高齢であり、もう一度、玄界灘の荒波を越え、さらに九州を踏破することなど、期待できなかっただろう。

「とくに倭の南と西海の様子を詳しく報告してほしい」と陳寿に頼まれて倭へ向かった屈強な体格の生気あふれる男を、私は、逞儁《ていけい》と名づけよう。

倭をめぐって綴った日誌を、帰国後、逞儁は陳寿へ提出した。

もしここで、「歴史書『魏書』を書くにあたり、新たに使者を送ってまで倭の最新情報を得る必要が、どこにあったのか？」という質問が出るなら、私はこう答える。

「たしかに中国は晋の時代に変わっていました。陳寿は、晋の皇帝の次のような言葉にありがたく従ったのです。――台与が使者を通じて、親善使節の訪倭を強く要請している。この際、派遣して狗奴国まで行かせようと思う。その報告を東夷伝倭人条に反映させてはどうだ」

それに加えて、陳寿には、気にかかることがもう一つあった。新たに使者が倭へおもむけば解決する可能性がある。この点については後ほど述べる。

湜儁、および同行した文官・兵士たちにとって、果ての見えない苦しい長旅であっただろう。しかし、思いもかけずめずらしい風物、風俗と出会う、驚きに満ちた楽しい旅でもあっただろう。湜儁たちは、秋の初めに洛陽を出発。帯方郡で冬をすごし、一本の帆柱に四角い一枚帆をはった構造船で、春浅い帯方郡の港を出帆した。

七千余里を「水行」し、狗邪韓国に到る。

ここで乗組員の休養、水・食料の補給などに数日を費やし、いよいよ対馬海峡へのりだす。

ほんわりと暖かく、花の香りが微風にのってただよう朝に出帆し、暗くなる直前に、対海国の浅茅湾、小船越あたりに着いた。ここで一泊。

「倭人伝」は対海国の周囲について言及している。「方四百里」と明記している。なかなか悩ましいところである。「方」を「島の外周の距離」と考えると「狗邪韓国〜対海国 千余里」との整合性がとれない。そうではなく、あくまでも「対海国の周囲」と読むべきだろう。島全体に国が広がっていたわけではない——と考えよう。

さて、その翌日も絶好の航海日和だったので、「瀚海路」へ船首を向け、五島を目ざした。そして、無事に五島列島の北端、宇久《うく》島に着いた。

「倭人伝」はいう。

……又南に一海を渡ること千余里、名づけて瀚海《かんかい》と曰ひ、一大国に至る。官を亦た卑狗《まひこ》と曰ひ、副を卑奴母離《ひなもり》と曰ふ。……田地有り、田を耕すもなほ食らふに足らず、亦た南北に市糴《してき》す。

「亦た」というのは、対海国も一大国と同様「大官を卑狗と曰ひ、副を卑奴母離と曰ふ」国であったからだ。さらに「船に乗りて南北に市糴」する国であったからだ。

次の日、夜が明けると外は雨。水先案内の海人は、宇久島の日和山で日見を行い「大事をとって、しばらくここにとどまりましょう」と進言する。

逞儁は、海路の日和を待つあいだ、官や副に取材して、宇久島はもとより中通《なかどおり》島、福江《ふくえ》島などの風俗・風物・産業などを聞き出しただろう。宇久島の島民を見て「男も女も、なんという腕の太さだ」という印象をもったかもしれない。

長く連なる五島列島の中心は、今日でこそ福江島だ。列島の島々のうち、福江島がいちばん大きい。しかし、五島列島の領主は長く、宇久氏を名のった。つまり、宇久島に居館を構えた。

『角川地名大辞典42 長崎県』によれば、中世後期に宇久氏は福江島へ移り、1592(文禄元)年に福江氏と改称したという。つまり、それまでは宇久島が五島列島の中心だったのだ。

それはなぜか――といえば、九州本土にいちばん近かったこと、そして「瀬海路」の一端に位置していたからだ――ということになる。

(2)「水行二十日」は邪馬台国および投馬国での滞在日数を含む

伊都国王は着飾って登場した

天候は数日後に回復し、数隻の帆かけ船は航海を再開した。

江戸期の弁財船のように完成されたものではないが、帆を操作するためのロープを備えており、それなりに間切ることができた。まず東北へ向かい、お昼を回って右に加唐島《かから》をかわした後、東南東へ針路を変えた。風はずっと南風だったから、午前中はよく走ったが、午後は何度か間切ることを余儀なくされ航行距離がのびた。それでも午前中の貯金がものをいって、暗夜がおとずれる前に、唐津湾の東端近くに至り、碇をおろした。

末盧国の人々が、松明を手に持ち、たくさんの小舟で出迎えてくれた。一大国から末盧国へ荒天のなか、早船が急行して、使者の渡来を知らせていたのだ。

逞儁と数人の文官・兵士・陰陽士などは、小舟で上陸。末盧国に数日間、滞在しただろう。残りの者たちと船は、夜が明けたら、海路、伊都国へ向かう。

「倭人伝」は末盧国について、次のようにいう。

……四千余戸有り、山海に浜ひて居む。草木 茂盛し、行くに前人を見ず。魚鰒を捕ふることを好み、水は深浅となく、皆 沈没して之を取る。

（草木が繁茂していて、道をいっても前を歩いている人の姿は見えない。魚や鮑《あわび》をとらえることを得意とし、水の深浅に関わらず、みな潜ってこれをとる。）

季節は初夏になろうとしていた。

大陸の内陸部で生まれ育ち、まだ海を見たことのない陳寿は、海の恵みに頼って生きる人たちについての報告部分に、よほど心をひかれたのだろう。簡潔を宗としたといわれる「倭人伝」にしてはめずらしく「倭人は水に潜って魚介を上手にとる」という記述が、このあともう一度、出てくる。

夜が明けて末盧国より「陸行」を始めるとき、道案内人が前に立っただろう。「草木 茂盛し、行くに前人を見ず」といっても、それは末盧国が、国際港湾都市といえるような姿ではないことを意味しているのであり、末盧国と伊都国は〝道〟で結ばれていただろう。

その道のりを三分の一ほどくると〝道〟はY字を描いて分岐していた。案内人は、こう説明しながら右折した。

「これより奴《な》国へ向かい、一泊します。伊都国の先にある奴国の飛び地でございます」

今の博多・福岡は、奴国であった。伊都国をはさんで奴国は二つに分かれていたのだ。博多・福岡の奴国は東の奴国の飛び地であった。「倭人伝」のいう「二万余戸」は二つの奴国の合計数である。これにより、「旁国」列記の最後に奴国の名が出てくることにも説明がつく。

伊都国は、奴国の〝なかにある〟重要な国際港湾都市だったのだ。

『北九州市史』はいう。


――クニグニの連合体は、一世紀中ごろの奴国優位から半世紀後には伊都国を盟主とする連合体制に変化し、倭国大乱を経過して邪馬台国連合体制となる。


「飛び地」の概念は、「邪馬台国＝宇佐」説の重松明久《しげまつあきひさ》が出している。「筑後山門郡や、肥後菊池郡山門郷の地などに、飛地的な直轄領を次第に形成していったことが想像される」という（217ページ参照）。「形成していった」の主語は、豊前・豊後に広がって栄えていた邪馬台国だ。

また、同じく「邪馬台国＝宇佐」説の高橋ちえ子が「儺津《なのつ》の奴とは別に、周防灘に面する中津《なかつ》の奴がある。奴を二つに弁別したらどうか」と、述べている（232ページ参照）。

西の奴国の中心地は、すこし内陸へはいったところにあった。現在「須久岡本《すぐおかもと》遺跡」と名づけられ「奴国の丘歴史公園」が設けられている一帯が、そこであろうと考えられる。

翌日は、伊都国の案内人に先導され、広大な稲作地帯を黙々と歩いた。伊都国到着の頃には、西の空が真っ赤に染まっていた。

この夜、伊都国の館では、一大率主催の華やかな歓迎レセプションが催された。

伊都国の王は金の冠を頭にのせ、金の耳飾り、水晶の首飾り、翡翠《ひすい》の管玉《くだだま》、勾玉《まがたま》、青銅の釧《くしろ》(腕輪)などを身につけて登場した。腰には鉄製の小刀ひと振り。――なんというきらびやかな出立ちであったことか。

今日、これらの宝飾品類は、北部九州に点在する遺跡、古墳で数限りなく掘りだされている。なお『隋書』には、隋代になって初めて倭は冠の制度を定めたと書かれている。

倭の枢要な港の一つだった「古綾羅木湾」

私は、2015(平成二十七)年一月、下関市の綾羅木郷《あやらぎごう》遺跡をたずねた。

JR西日本、山陰線の無人駅、梶栗郷台地《かじくりごうだいち》駅のすぐ前の台地上に広がっている。綾羅木郷遺跡は*土笛《つちぶえ》が日本で初めて出土した遺跡として聞こえ、併設されている下関市立考古博物館のマスコットキャラクターは「ぶえ吉」という。

無人駅のホームの前に、航空写真を添えた巨大な案内板がたてられ、わかりやすい案内が行われている。

それによると――*新下関駅のすぐ横にある秋根《あきね》古墳まで、片道約4キロにおよぶ「史跡の道」がのびている。始点は梶栗浜《かじくりはま》遺跡。途中に若宮《わかみや》古墳群、綾羅木郷遺跡、考古博物館、上《うえ》の山《やま》古墳、みやばし古墳群、上ケ原古墳、仁馬山《じんまやま》古墳、延行条理《のぶゆきじょうり》遺跡が連なるほか、「史跡の道」の近辺に、友則古墳、茶臼山古墳、富任八幡宮遺跡、引田遺跡、一升塚古墳、法寂寺古墳群、王子権源山古墳、上有宮遺跡、小原山古墳、石原遺跡……と弥生前期から六世紀前半にかけての遺跡、古墳が数えきれないほど点在しているという。

「綾羅木遺跡群」とでも名づければ、知名度が増すかもしれない。

若宮古墳と仁馬山古墳は前方後円墳とのこと。若宮古墳が長さ39・7メートル、仁馬山古墳が74・8メートル。

発掘調査によって、土笛のほか、およそ一〇〇〇基にもおよぶ弥生時代の貯蔵穴が綾羅木郷遺跡で発見され、そこから大量の土器が出土している。また、綾羅木郷遺跡では弥生時代から古墳時代にかけての鉄製の刀、管玉《くだだま》、土製の人形なども出土している。

考古学の面から見ても、この地が不彌国であった可能性はひじょうに高いことを、私は知った。

ここより北へ約35キロの地点に、弥生時代の三〇〇体を超える人骨が出土したことで知られる土井ヶ浜遺跡もある。

「沖ノ島路」を運悪く外れた船は、綾羅木から土井ヶ浜にかけての海岸線に流れつくことが多かったのだ。土井ヶ浜遺跡で、骨だけの状態になってふたたびこの世に現れた人たちは、大陸方面からの渡来人である可能性が高い――といわれている。

「綾羅木」の地名も、どこか、朝鮮半島方面との結びつきを感じさせる文字ではあるが、その点について言及する歴史書に、私は出会っていない。

帰京して二万五千分の一地形図「安岡《やすおか》」を購入し、赤インキカートリッジを装填した万年筆で、その10メートル（一部5メートル）等高線をなぞってみた。

その結果、響灘の水は古代において、新下関駅のすぐ横まで、すなわち住吉神社の近くまで深くはいりこんでいたことがハッキリした（60ページ参照）。遺跡・古墳が密集する「史跡の道」は、東西に細長い*洪積台地（最高地点の標高31メートル）にのびており、この台地の南側には平坦な農地が広がっている。

平地の中央を一筋の細い川が流れる。綾羅木川という。

東西にのびる細長い台地の南に平地。――ここそ、古代において、重要な役割を担う港湾だったのだ。私は「古綾羅木湾」と名づけたい。この湾が、幹線航路を行きかう船のための港だった。

『宗像市史』はいう。

――住吉神は港湾神、安曇《あずみ》神は漁労神、宗像神は航路（航海）神としての役割が強調され、期待されたのである。

有名な「神功皇后《じんぐうこうごう》の新羅出兵」も、これが史実であったのなら、「古綾羅木湾」が前線基地になったものと考えられる。

『下関市史』はいう。

――三韓征伐はわが国の経済・文化の上に新らしい躍進をもたらした。第一は鉄の補給ができ、鉄製武器から農工具・船・建築の発展の土台となった。

そして『角川日本地名大辞典35 山口県』によれば「日本海側にも高地性集落は分布している」とのことだ。高地性集落は、山間部の高いところに点在した弥生時代の邑であり、「倭国大乱」で逃げまどった人々が、なんとか行きついてつくった集落だ――と論じる人もいる。

卑弥呼の時代がおとずれて、人々はまた、生活しやすい海辺に戻ってきた。

「古綾羅木湾」を見わたす台地の端に、子供たちが立っている。土笛の和やかな音色に合わせて歌っている。一枚帆に風をはらむ船と、さざ波のたつ海面が、紅色に染まっている。響灘の水平線に夕日が沈んでいく。土笛の、かすれたような低い調べは「倭国大乱」で亡くなった人たちへの鎮魂歌。

「新羅出兵」で得たもの。「倭国大乱」で失ったもの……。

＊土笛　＝中国の殷の時代に宮殿でつかわれ始めたと考えられている粘土製の楽器、すなわち陶塤《とうけん》によく似ていることから「陶塤」と呼ばれることが多い。音孔がいくつか開けられ、なかは空洞。左右の掌で包みこんで口に寄せ、吹く。

＊新下関駅＝山陽新幹線と山陽線の乗りかえ駅。1975（昭和五十）年三月十日に山陽新幹線が開業して新下関駅と改称。それまでは長門一ノ宮駅といった。

＊洪積台地＝河岸段丘と海岸段丘の総称。

山陽新幹線、新下関駅の改札口横でフクちょうちんが観光客をお出迎え。

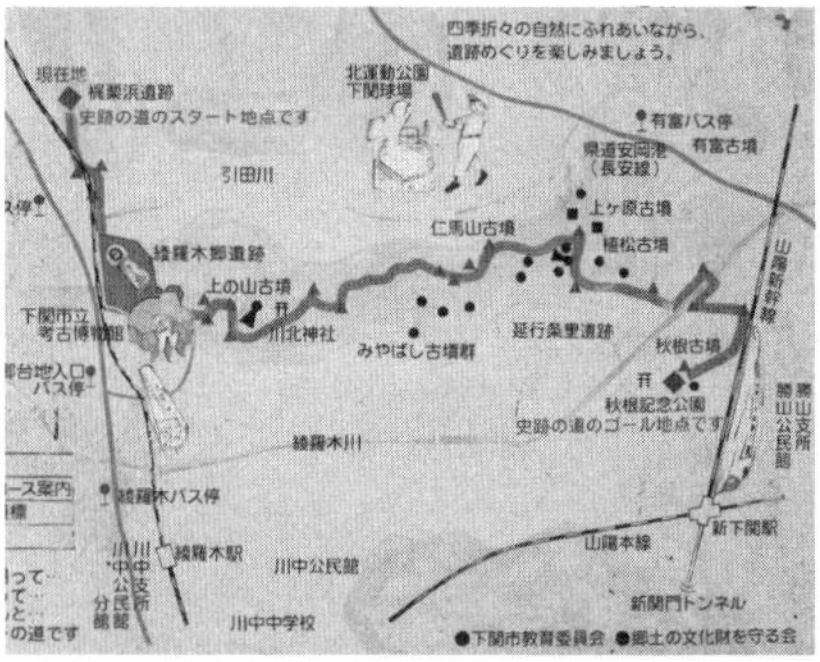

梶栗浜遺跡の前にたつ「史跡の道」の案内板。

梶栗浜遺跡で学芸員の説明を受ける「史跡の道ウォーク」の参加者たち。

不彌国 経由 邪馬台国 行き

すこし話が飛んだようだ。逞儁たちの旅の記述に戻ろう。伊都国での晩餐会の場面へ。

ここに、邪馬台国の高官・掖邪狗の顔があった。早船の知らせを受け、待望久しかった晋の使者を出迎えるために、急ぎ、かけつけたのだ。逞儁は自らの使命を掖邪狗に話し、協力を求めた。

掖邪狗は「私が同行いたしまして、ご案内いたしましょう」と答えた。

くり返しになるが、掖邪狗は「其四年」、すなわち243（正始四）年、卑弥呼女王のとき、魏への第二回朝貢で洛陽へおもむき、さらに台与女王にかわってからも、張政を帯方郡へ送りがてら朝貢使節の代表として洛陽を目ざした人物である。かなり高齢ではあったが、かくしゃくとしていた。

この掖邪狗をリーダーとして逞儁たちは伊都国を出発。奴国にたち寄って一泊した。

翌日は、奴国の中心部より船着場まで歩き、定期の渡海舟に乗って不彌国へ向かった。大きな島に着いて舟からあがった。歩いて島を横切り、向こうの浜で、また別の舟に乗りこんだ。

つまり「陸行」「水行」をくり返しながら不彌国の中心部に至ったのである。

奴国を今の北九州市に比定する根拠については、本書の続刊が刊行され、そのなかで詳述できることを願いたいと思う。鍵は北九州市立埋蔵文化財センターの壁にかけてある。

さて、なにはともあれ「倭人伝」は不彌国より「南へ向かって水行」なのだ。それが可能でかつ「倭人伝」のいう「距離」にも合致する地は赤間関のほかにはない。古代において赤間関は多島の海国であったのだが、十八世紀の弁財船《べざいせん》をすこし小さくした程度の帆かけ船であればのどかに航行しただろう。

関門海峡も、早鞆《はやとも》ノ瀬戸は別として、今日よりはるかに幅が広く、流れは今ほど速くなかった。現在の下関市の南端部は、多くの小島を浮かべる風光明媚な景勝の地だった。

赤間関が近世において「西国随一の要港」であったことを思いおこせば、古代も、幹線航路を行きかう船は必ず寄港したであろうことが思われる。赤間関は食料・水の補給基地だった。連日のように市のたつ国、情報の集まる港町でもあった。そのように明確な存在意義をもつ国であったから、不彌国は、隣国で大国の伊都国や奴国に吸収されることなく、「倭人伝」に名を残したのである。

洪積台地の先端に位置する綾羅木郷遺跡では、無数の貯蔵穴（幅、深さとも2メートルほど）は見つかっているものの、民家の跡は出土していないそうだ。この事実こそ、綾羅木が港湾として機能したことの動かぬ証拠といえよう。多数の貯蔵穴は、交易の品の保管所でもあったのだ。下関市立考古博物館は、２０１５（平成二十七）年夏、「掘ったほ！　２０１５発掘速報展」を開き、貯蔵穴が新下関駅の近くで新たに見つかったことを知らせている。

遑儁は、先着していた帆かけ船、その乗組員たちと「古綾羅木湾」で合流した。

不彌国を出帆するときには、倭の船も多数、寄りそって、二〇隻近い船団にふくれあがっていただろう。

不彌国の多島の海は清らかに澄んで、群れをなして泳ぐ魚の影が、白い底砂に映る。

順風満帆。関門海峡をぬけて南へおよそ一〇〇〇里。

いよいよついに、邪馬台国が、行く手に見えてくる。

「倭人伝」がいう「余里」に、たとえば次のような実数をふりあててみる。

帯方郡〜狗邪韓国 七千二百　里
狗邪韓国〜対海国　千　　十里
対海国〜一大国　千　七十里
一大国〜末盧国　千　二十里

合計「三百里」。——不彌国〜邪馬台国は「千里前後」となり、今日の地図上の距離と符合する。

早朝に出帆すれば、日没前に着いた。

なにを隠そう、今の大分県宇佐《うさ》市こそが、女王・卑弥呼の都する邪馬台国だったのだ。

洛陽より逞儁に従った兵士の大半が、荷物をたずさえて下船した。帆かけ船はすべて、ここに碇をおろした。逞儁も二日間くらいは、邪馬台国にとどまっただろう。

伊都国からの早船で、晋の使者の到来を邪馬台国は知らされていた。台与女王をはじめ高官たちは大喜びしただろう。

なにしろ何年も前から要請していた晋使の訪倭である。狗奴国への牽制に晋使を〝利用〟するつもりであった。願うに幸い。晋使のほうも「南へ足を延ばしたい」といっている。遠征の準備に時間はかからなかった。台風の季節を迎える前に邪馬台国へ帰りたいとの思いもあった。台与女王は、逞儁たちの旅に、高官・掖邪狗に加え、将来を嘱望される難波鹽戸魁禰《なんばしおとかいね》を同行させた。あの難升米《なんしょうまい》の子息である。

船はすべて、邪馬台国の兵士が漕ぐ丸木準構造船に交代した。ちょうど江戸期において江戸参府の加比丹が阿蘭陀船はつかわず、瀬戸内海の入り口の赤間関で和船の「日吉丸」に乗りこんだように。

今の臼杵《うすき》市、津久見《つくみ》市、佐伯《さえき》市、延岡《のべおか》市と進むあたりの海岸線は、湾と入江、岬が複雑に入り組んで、帆かけ船には難度の高い海域であった。針路を急角度で変更しなければならない。風の吹き方いかんでは危険な方向転換となる。

船団は、全部で五〇艘以上を数えたかもしれない。豊後《ぶんご》水道をぬけ、日向灘に出るあたりから、丸木準構造船にとっては、厳しい航海となっただろう。

舳先をぐっと下げた――と思うや、もう波にのりあげ、空へ向かってのびあがる船首にかわり船尾が喫水を深くする。そうするとまた舳先が下がっていく。――そのくり返しのなかで、船体は右へ、左へ大きくかしぐ。

それでもなんとか佐土原の港に着いた。赤間関を南へ向けて船出して二〇日弱の船旅であった（邪馬台国での滞在日数を含む）。夜は漁村の沖に碇泊し、昼間だけ航行した。

投馬国はちょっとした騒ぎになっただろう。

橈受けを船側に設け、何本ものオールで漕ぐ丸木準構造船は、投馬国の人たちにとってまだなじみのうすい文明の利器だった。その新型の船が多数かたまって、久方ぶりにおしかけてきた。邪馬台国と狗邪国が戦った三〇数年前にも、兵士を乗せた丸木準構造船の船団が北方からやってきた。しかし、これほどの数ではなかった。

このときの驚きが船形の埴輪となって後世に伝わったのだ。

志布志港で陸にあがる

それはそれとして、ここまでくると、次のような声も聞こえてきそうな気がする。

「『倭人伝』は『女王国自り以北の国は、其の戸数、道里は略載することを得可きも、其の余の旁国は遠く絶たりて、詳かにすることを得可からず』といっていますね。投馬国については、この一文より前で取りあげ、戸数も、官の名も副の名も記載しているのだから、女王国の『北』になくてはいけませんね。宮崎県の西都原は、大分県の宇佐の『南』ですが……」

この指摘に対しては、次のような答えを、私はもちあわせている。

「『南↓東↓南↓東南↓東南↓東↓南↓南』と記載して邪馬台国への道筋を示した直後の一文であるだけに、おのずと『北』という言葉が出たのです。狗邪韓国と邪馬台国とのあいだには七つの国が記載されています。それらは、一つを除いて、邪馬台国より『北』にあります。例外に但し書きを添えると、文章が煩雑になりますね」

大船団は長居することなく投馬国を離れ、さらに南下して都井《とい》岬をかわし、志布志《しぶし》湾にはいった。投馬国から六、七日ほどの「水行」であった。

ところで「水行十日陸行一月」について、『邪馬台国 中国人はこう読む』が「水行に陸行、陸行に水行をくり返したという意味」との見解を述べている。そして『新版まぼろしの邪馬臺國』が「狗奴国は、今の出水《いずみ》市を中心に大口《おおくち》盆地にかけて広がっていた」という。

先人の労作の教示に従って、遑僬たちのこの先の旅路を、次のように想定したい。

(志布志市)↓(都城《みやこのじょう》市)↓(小林市)↓(えびの市)↓(湧水《ゆうすい》町)↓狗奴国(伊佐《いさ》市大口)

一貫して細長い盆地がつづく平穏な行路である。

志布志市から大口まで、二十世紀後半には、以下のように国鉄路線が通じていた。

路線名	駅間	営業キロ	最高地点の標高	
志布志線	志布志駅↓西都城駅	38・6キロ	184・4メートル	廃線
日豊線	西都城駅↓都城駅	2・5キロ	147・3メートル	
吉都《きっと》線	都城駅↓吉松《よしまつ》駅	61・6キロ	308・2メートル	
肥薩《ひさつ》線	吉松駅↓栗野《くりの》駅	7・5キロ	228・2メートル	
山野《やまの》線	栗野駅↓薩摩大口駅	26・2キロ	188・3メートル	廃線

この区間にトンネルは、ごく短いものが片手で数えられるほどあるだけだ。

吉都線は今も健在で、「鉄道の旅」におすすめのローカル線である。高千穂峰（1574メートル）、韓国岳《からくに》（1700メートル）など、麗しい姿の霧島連山を仰ぎながら、のんびりした気分で乗っていられる、

九州の山間部は、中部山岳地帯や上信越国境、甲武信《こぶし》ヶ岳（2475メートル）の一帯などとは、ずいぶん様相を異にしている。*黒四《くろよん》ダム建設のための資材を担いで黒部峡谷をたどった人たちや、「塩の道」で活躍した*歩荷《ぼっか》、また、奥羽山中でクマを狩った*マタギを思いうかべてはいけない。九州山地は近年まで、*サンカと呼ばれる人たちの生活の場だった。

ただし、中央部には、標高1700メートルを超える山々や秘境と呼ばれる地も、いくつかあることはある。

「(志布志市)→狗奴国(伊佐市大口)」の距離は、約130キロ。

古代において、長くても一二日間ほどの行程だったと思われる。今日、大人の歩く速度が時速4〜6キロである。一行は一日に平均6時間、平均時速1・8キロで歩いたことになる。

＊黒四ダム　＝黒部ダムの建設時の呼び名。1936（昭和十一）年着工、1963（同三十八）年に完成。立山黒部アルペンルートをたどればダムを中心とする大迫力のパノラマ展望を楽しめる。

＊歩荷　＝客の荷物を背負って運ぶことを生業とした人。近世にはいって牛馬がこれにとって代わり、

歩荷の活動範囲は山間部や積雪地帯に限られるようになった。

＊マタギ　＝マタギの世界は、あんばいこう著『ひとりぼっちの戦争 阿仁マタギ殺人事件の銃座から』（無明舎社出版）に詳しい。宮沢賢治の『なめとこ山の熊』もマタギを彷彿とさせる。

＊サンカ　＝住居を定めて農耕を営むことをせず、山間を生活の場として漂泊した人たち。ざる、箕、ささら、茶筅などの竹細工をつくり、村人に売ることをおもな生業とした。五木寛之の『風の王国』でもサンカの一端にふれることができる。

(3)「水行十日 陸行一月」で邪馬台国へ戻る

倭の動植物、人々の暮らし、産物をつぶさに見る

よく知られているように「倭人伝」は、倭の自然や風物、風俗、習俗などについて、踏みこんだ記述を行っている。

以下のように、たいへん詳しい、リアリティ豊かな内容を記している。

■倭の地は温暖、冬夏生菜を食す。皆、徒跣《とせん》なり。

■倭人の風俗は乱れていない。男子はみな冠や頭巾をつけず、木綿の布を頭に巻いて、はちまきをしている。倭人の衣服は、広い幅の布をただ結び束ねているだけで、ほとんど縫うことはない。女性は総髪をさげ、鬢を曲げ後ろにたらし、衣服をつくること単衣のようであり、衣の中央に穴を開け、頭を通してこれを着る。

■飲食には高杯《たかつき》を用いて、手で食べる。

■家屋があり、父母兄弟は、寝るときにそれぞれ場所を別にする。

■朱や丹をその身体に塗ることは、中国で白粉を用いるようなものである。

■行事や旅行、何かしようとするときには、そのたびに骨を灼いて卜《ぼく》し、それにより吉凶を占う。……火による骨のさけめを見て、吉凶の兆しを占う。

■倭の習俗では、国の大人《たいじん》はみな四、五人の妻をもち、下戸《げこ》でも二、三人の妻をもっている。夫人は乱れず、嫉妬もしない。

■盗みはせず、訴訟は少ない。倭の法を犯せば、軽いものはその妻子をとりあげ、重いものはその家族および一族を滅ぼす。

■尊卑にはそれぞれ差異と秩序があり、臣服するに十分である。下戸が大人と道で逢えば、下戸はあとずさりして道端の草むらに入る。言葉を伝え物事を説明する際には、うずくまったりひざまずいたりして、両手は地面につけ、恭敬の意を表す。

■倭人は寿命が長く、あるいは一〇〇年、あるいは八、九〇年である。

■その遺体には棺《かん》はあるが槨《かく》はなく、盛り土をして塚をつくる。

■禾稲《くわとう》・紵麻を種え、蚕桑・緝績《しふせき》し、細紵《さいちょ》・縑緜《けんめん》を出す。

■其の地には牛、馬、虎、豹、羊、鵲《かささぎ》無し。

■*獼猴《せんこう》・黒雉《こくち》有り

■真珠・青玉を出す。其の山には丹有り。

■その木には*枏《だん》、*杼《ちょ》、*豫樟《よしょう》、*楺《じゅう》、*櫪《れき》、*投《とう》、*橿《きょう》、*烏号《うごう》、*楓香《ふうこう》有り。其の竹には*篠《しょう》、*簳《かん》、*桃支《とうし》有り。

農産物や動物についての記載はともかく、樹木や竹の種類ともなると、まさに枝葉末節というべきで、『倭人伝』の記述は簡潔だ」という指摘は、この個所にはまったくあたらない。

■印をふって箇条書きにした文は、おもに、どんぐり眼の逞儁が綴った九州レポートに基づいて書かれたものにちがいない。「倭人伝」への不信を呼ぶような記述も散見されるが、一つ一つへの言及は、既存の研究書に詳しい。

逞儁は「水行二十日、水行十日陸行一月」をかけて、不彌国より九州の南端近くまで下り、さらに国東半島そばの宇佐まで戻る、はるかなる旅を敢行したのである。実際に倭の地を足で踏みしめ、好奇心に富んだ目で見てきた人間の報告書――その貴重なレポートに基づく記述を読むことで、私たちは倭人の暮らし、倭の自然を思いうかべることができる。

陳寿に報告書を提出した人物の一人は、伊都国で回れ右をするどころか、邪馬台国を訪ねたのはもとより、九州を南へ、北へと縦断した。

「倭人伝」における観察レポート引用部分こそが、「水行二十日、水行十日陸行一月以上をかけて九州をめぐった人物」の実在したことを雄弁に物語っている。「その逞儁とやらを思わせる人間の言動が、中国の古典籍に見えない」と心配する必要はない。

＊獼猴＝大きなさる

＊枏《だん》＝梅　杼《ちょ》＝楢　豫樟《よしょう》＝楠　楺《じゅう》＝バラ科のボケ　櫪《れき》＝櫟　投《とう》＝松
橿《きょう》＝檍《もちのき》　烏号《うごう》＝桑　楓香《ふうこう》＝楓　篠《しょう》＝笹　簳《かん》＝ヤダケ　桃支《とうし》＝籐

（水野 裕 著『評釈 魏志倭人伝』による）

狗奴国王との会談

それで「陸行」のコースだが、先に書いたように、今の宮崎県・鹿児島県の山間《やまあい》に細くつづく盆地——都城盆地、小林盆地、大口盆地とたどったものと思われる。

その沿道には戦場のつめ跡が点在していたかもしれない。卑弥呼女王の晩年、邪馬台国軍と狗邪国軍が激突した……。けれども、そうした死臭ただよい亡霊さまよう悍《おぞ》ましい地とは裏腹に、「縄文の暮らし」を色濃く残したのどかな邑もあっただろう。昭和の日本に「明治や大正の暮らし」が温存されていたのと同じように。

温暖な地なので、「倭人伝」がいうように、邑の人たちが四季を通して生野菜を食べ、「徒跣（はだし）」で暮らしていても不思議ではない。

ちなみに、小林盆地をはじめ、吉松《よしまつ》駅、栗野《くりの》駅の周辺は温泉の宝庫だ。旧山野《やまの》線、旧湯之尾駅近くには、金鉱山（世界一高い品位の金を掘り出す菱刈鉱山）で湧出する湯をパイプで引く温泉旅館団地がある。

しかし、掖邪狗《えきやく》、難波《なんば》鹽戸《しおと》魁禰《かいね》、逞儁《ていけい》たちにとって温泉につかるのは早すぎる。これからが大仕事なのである。私の想像はつづく、

盆地の空は狭い。一天にわかにかき曇り、ただならぬ〝黒い空気〟が押し寄せてくる。行く

手に狗奴国の兵士たちが立ちはだかった。どちらも武器を相手に向けて構え、一触即発の危機――。しかし、掖邪狗、難波鹽戸魁繭、湦儁のにらみが勝《まさ》って、狗奴国入りとなる。

それにしても、先遣隊は役割をちゃんと果たしたのか……。

掖邪狗、難波鹽戸魁繭、湦儁は輿《こし》に乗せられた。列の両脇を狗奴国の兵士たちがかためた。

「これより焼酎王国・狗奴国にはいる」といいたいところだけれど、蒸留酒である焼酎の製法が初めて日本へ伝わったのは中世だろうといわれる。しかし、古代の倭にも濁酒《どぶろく》ならあった。

「倭人伝」は記す。

……其の死には……停喪すること十余日、時にあたりて肉を食わず、喪主は哭泣し、他人は就きて歌舞飲酒す。

……人の性、酒を嗜《たしな》む。

夕立もあがり、市のたつ目抜き通りは、夕餉の買い物客でにぎわっている。人々は皆、やってきた行列のほうへ、ふり向く。見慣れぬ身なりの男たちが輿に乗っている。人垣はざわつき、ときおり野次が飛んで、どよめく。笑い声が渦を巻く。

掖邪狗は、どのような人物であったのか――。

体形は全体にずんぐりと肥え太り、大きな頭が首を隠してその上にのっていた。瞼、頬、顎の肉が、火鉢の上でふくらむ餅のように、丸く大きく盛りあがって今にもはちきれそうだった。低音のガラガラ声で周りの者を叱り飛ばす豪胆な男だった。

湜僑は、しばしば、左右へ首をひょい、ひょいとふり、輿の上から睨みをきかせただろう。

「どんな些細なことも見逃がさず報告書に認めるぞ」といっているような大きなどんぐり眼が恐ろしさとともに、いくばくかの愛嬌を感じさせたかもしれない。黒目を左右の両端に同時に寄せる技をもっていた……。八の字を逆さにした左右の太いまゆ毛。口の周りにはごわごわと硬そうなひげ。顎ひげも胸の近くまで長くのばしていただろう。とにかく黒目の光に、周囲を圧する力があった。

難波鹽戸魁禰は、瞳のくりくりした可愛らしい青年である。角度によってはまつ毛がうるんでいるようにも見える。父は、卑弥呼より魏への第一回朝貢のとき正使をつとめた、あの難升米である。魏の皇帝から銀印や黄幢を賜与されている。

そして、大口盆地から狗奴国の中心地・出水《いずみ》平野まで一日の行程であった。翌日、一行は、標高450メートルほどの峠を越え、そのあとは米ノ津《こめつ》川のいかだ流しで下ったと思われる。

出水平野にある狗奴国王の居館で国王との会談に臨んだだろう。

三世紀半ばに卑弥呼が亡くなり、倭は乱れるが、台与が新しい女王に就いたことで、倭の乱はおさまった。それ以来、狗奴国もずいぶんおとなしくなったが、油断はできない。虎視眈々と九州北上のチャンスをうかがっているはずだ。

国王はおもに湿儒に中国大陸の情勢を問うた。湿儒はどんぐり眼を見開いて、洛陽の殷賑な様子を自慢げに話した。とりたてて重要な話題が出されるでもなく、話合いは長引くことなく終わった。

狗奴国が戦争の準備をしているふうも、うかがえない。

これにより、邪馬台国の兵士の大半は、船で邪馬台国へ帰るべく、志布志港へひき返していった。湿儒がこの後「倭めぐり」の継続を希望していたから、掖邪狗と難波鹽戸魁禰は付きそって北上する。丸木準構造船で豊後水道をぬけるより、今の熊本県を経由して邪馬台国を目ざすほうが、日数は短くてすむし、体もラクだ。護衛のために兵士の一部も残った。

名産品による厚いもてなし

熊本県宇城《うき》市桂原《かずはら》古墳(七世紀)で「一枚帆に風をはらむ船を描いた線刻画」が見つかっている。出水平野から先は、帆かけ船をチャーターして、八代海《やつしろかい》を北へ「水行」し、有明海にはいったはずだ。安穏な船旅であっただろう。

陽光あふれる内海には、小さな舟が多数浮かび、漁にいそしんでいただろう。海に潜って、魚介をとる人たちも多く見られただろう。

「倭人伝」はいう。

■倭人の男子は大人と子供の別なく、みな顔面と身体に入れ墨をしている。
■倭の水人は、水中に潜って魚や蛤をとらえることを得意とする。入れ墨をすることは、もともと大魚や水鳥を抑えようとするためだった。後にようやくそれを飾りとした。

一行は宿泊地で、とれたての鯛、平目、雲丹、栄螺、鮑、蛤、牡蠣、海鼠、伊勢海老、赤貝などを、ふるまわれたにちがいない。九州の山河、海路を行く掖邪狗、難波鹽戸魁爾、逞儁、邪馬台国の兵士たちに対して好奇の目が向けられるとともに、名産品による心のこもったもてなしが行われたことが思われる。

『新版まぼろしの邪馬臺國』は、邪馬台国連合「旁国」の多くが八代海、有明海の沿岸に連なっていたという。一行はその港の一つに碇泊しただろう。

そして、有明海の北端で、さらに小型の帆かけ舟

たゆまず整備の手が加えられ、吉野ヶ里遺跡は〝発展〟をつづけている。

に乗りかえて、筑後《ちくご》川にはいった。

ただし、掖邪狗は、奴国の兵士の出迎えを受け、ここで難波鹽戸魁禰、逞儁たちと別れた。

「二日市水道」に乗り入れ、伊都国・奴国・不彌国を経由して邪馬台国に帰国する。各国での滞在日数を別にすれば、四、五日の行程である。

難波鹽戸魁禰、逞儁の行く手、北方には、まもなく、ほかならぬ吉野ヶ里が近づいてくる。

吉野ヶ里遺跡については、同遺跡の発掘調査を主導し、今も同遺跡の〝発展〟に尽力している考古学者、高島忠平が『邪馬台国とは何か』(新泉社)において、憤懣《ふんまん》やるかたなしといった調子で次のように述べており、気になるところではある。


――初めは「吉野ヶ里遺跡は二世紀までだ」といっていたのに、最近になって「三世紀」といっている――という指摘はまったくの誤解・曲解である。


私も、この本を読むまでは「吉野ヶ里は邪馬台国の時代と微妙にずれているらしい」と認識していた。高島忠平は、そんなことを口にした覚えはないと、怒っているのだ。

しかし、「倭人伝」の次の一文により、難波鹽戸魁禰、逞儁はどうしてもここで帆かけ舟からおりることはできない。筑後川をさかのぼって東へ向かった――としか思えないのである。

……女王国の東、海をわたること千余里、また国あり。皆倭種なり。

広大な筑紫《つくし》平野のただなかを、小さな帆かけ舟でのん気に「水行」すると、やがて右手に、なだらかな山容の山地が近づいてくる。耳納《みのう》山地という。

その山麓に、古代史ファンにはよく知られる装飾古墳がある。福岡県うきは市の珍敷塚《めずらしづか》古墳（六世紀）である。金色に輝く彩色壁画に、舟の絵や「わらび手文」が描かれており、古代において、筑後川に、玄界灘へ直通する帆かけ舟の行きかいがあったことを物語っている。

難波盬戸魁禰、逞儁は、今の朝倉市*杷木《はき》あたりまでさかのぼったものと思われる。出水平野より「水行三日前後」であった。

前述したように佐土原～志布志が「水行六、七日」で、出水～杷木「水行三日前後」と合わせて「水行十日」となる。

念のために、この推定の根拠を以下のように示しておこう。

既述の八尋秀喜著『秘められた邪馬台国』（88ページ参照）に、「古代船（丸木準構造船）が一日（5時間）に進む平均距離＝18・5キロ」とある。これは、西都原古墳群で出土した舟形埴輪をモデルにしてつくった「野生号」――その1975（昭和五十）年における航海実験の結果からはじき出した数字だそうだ。実験は帯方郡↓奴国（博多）で行われている。

佐土原～志布志の距離は約120キロ。これを一日に進む平均距離で割る。

120÷18・5＝6・5

すなわち、佐土原～志布志「水行六、七日」である。

現在の米ノ津川河口〜筑後川の河口は約140キロ。これは「瀚海路」をたどる対馬小船越〜五島宇久島の距離とほぼ等しい。こちらは帆走である。南風が吹く夏であれば、二日で十分だ。筑後川河口〜杷木に一日で、計三日前後となる。

これに合わせて、下関（不彌国）〜宇佐（邪馬台国）〜佐土原（投馬国）についても、計算してみると——。

下関（不彌国）〜宇佐（邪馬台国）は、帆かけ船で一日。

JR九州、日豊線の数字を見ると、宇佐駅〜佐土原駅、250・9キロだが、一行の場合は国東半島の沖を回った距離や、夜間に碇泊のために沿岸に接近した距離もあるから、丸木準構造船で「水行」約280キロと想定してみよう。これを「野生号」が実験航海で進んだ一日の平均距離で割る。

280 ÷ 18・5 = 15・13

おそろしいほど、ドンぴしゃりだ。

不彌国〜宇佐　一日
邪馬台国滞在　二日
邪馬台国〜投馬国　一五日
投馬国滞在　二日
不彌国〜投馬国、合計「水行二十日」となる。

＊杷木＝筑後川の中州に伝統の原鶴温泉旅館・ホテル街が浮かぶ町。

これで最後の山を越えた

杷木より「陸行」に移ると、すこし山深くなるが、すぐに盆地が開ける。江戸期に天領だったことで知られる日田《ひた》だ。

日田といえば、町並み保存地区で開かれる「おひなまつり」や夏の風物詩・鵜飼いが人気を呼んでいるが、近年、小迫《おざこ》辻原遺跡という遺跡で古墳時代の居館跡が見つかって話題になったことも記憶に新しい。王国があったのだろう。

現在のＪＲ九州、久大線がたどるコースを、一行はしばらく進む。玖珠《くす》盆地の玖珠町（駅名でいうと豊後森《ぶんごもり》）まで行く。久大《きゅうだい》線の数値を借りるなら、以下のとおりである。

駅	駅間営業キロ	駅の標高
朝倉市杷木に近いうきは駅		43・1メートル
日田駅	17・6キロ	87・2メートル
豊後森駅	25・6キロ	331・8メートル

日田盆地と玖珠盆地のあいだは玖珠川の渓谷に沿って歩くすこし険しい道筋である。私は、このあいだにある天ケ瀬《あまがせ》駅で何度も下車しているし、隣の杉河内《すぎかわち》駅まで歩いたこともある。天ケ瀬駅前の、玖珠川に面した混浴の露天風呂は、今も１００円かもしれない。

そして豊後森より先はさらに山深くなる。
東にリゾート・湯布院。南にミヤマキリシマの久住《くじゅう》山（1787メートル）、西北に山伏修験道の山・英彦《ひこ》山（1200メートル）、北に、蘭学者・蘭方医を多く輩出した中津。そして東北に宇佐神宮。――そうした地点から宇佐を目ざす山中に、鉄道が通じていた時代はない。路線バスもない。

この道筋は、古代において、日田にあったらしい王国と邪馬台国とのあいだの往来ぐらいに利用されたにすぎないだろう。けっこう険しい行路だ。一部「けもの道」に近い状態になっていたかもしれない。しかし、難波鹽戸魁爾、逞儁たちは、この山間部を果敢に縦断した。今の国道387号線ルートをたどった。

「倭人伝」に次のような記述が見える。

■*薑《きょう》・*橘《きつ》・*椒《しょう》・*蘘《じょう》荷《が》有るも、以て滋味と為すを知らず。

道中で目にして、里人に、その美味さを教えたのかもしれない。
「倭人伝」には書かれていないが、猛禽、大蛇、吸血虫、熊蜂の類がしばしば現れて、豪胆な男たちとはいえ、ほとほと手を焼いただろうことも想像される。かまれたり刺されたりした者もいたかもしれない。

夜は火を焚いて野宿しただろう。

それでは「陸行」後半の数字は、どのようになっているか――。

豊後森より宇佐神宮まで、途中の最高地点の標高は、約550メートル。距離は約55キロ。したがって朝倉市杷木より宇佐神宮まで約100キロである。一日に、平均時速1・0キロで平均6時間――一日平均6キロほど歩けば、一六日余の道のりである。

志布志～大口の一二日間、大口～出水の一日と合わせて、志布志より宇佐まで「陸行一月」となる（163ページ／170ページ参照）。

草木をかき分け、難波鹽戸魁爾、逞儁はようやく視界のよい山腹に出た。小さな邑を眼下に望み、救われたような気もちになっただろう。

花咲く都・邪馬台国の人々も待ちわびている。朝日に向かって波間に消えていった者たちが夕日を背にして山からおりてくる日は近い。

ちなみに、逞儁は「水行二十日」のなかで一旦、邪馬台国の門をくぐっているので「倭人伝」は「到 邪馬台国」ではなく「至 邪馬台国」とした――と考えることができる。

＊薑＝しょうが　＊橘＝タチバナ　＊椒＝サンショ　＊蘘荷＝ミョウガ
（水野 裕 著『評釈 魏志倭人伝』による）

4章　邪馬台国が動いた

（1）邪馬台国の比定は振り出しに戻った

観念的な里数、虚妄の数字

「逆説の日本史」で有名な井沢元彦の『卑弥呼伝説』（集英社文庫）を読んだ。

「卑弥呼は殺された」と電話口でうめき、一人だけの密室で死んだ（殺された）友人。その謎を主人公が追う。

おもに『古事記』『日本書紀』を主人公は駆使して「卑弥呼の死」の謎を追究し、その思考と取材旅行の末に邪馬台国の位置をつきとめ、「密室殺人事件」の解決にも成功する。――そんな筋書きの小説だ。「倭人伝」の旅程記事には一切、目をくれていない。初出は1990（平成二）年十一月〜翌1991（平成三）年四月。「週刊小説」（実業之日本社）に連載されている。

「卑弥呼は殺された」の原因を皆既日食に求めている点が、秀逸だ。

私は『卑弥呼伝説』に出てくる松本清張著『邪馬台国 清張通史①』のことが、すこし気にかかった。

そして2015（平成二十七）年三月初め、下関市立考古博物館主催の「*史跡の道ウォーク」に参加すべく、「青春18きっぷ」を胸ポケットに入れて旅立ったのだが、その前日に、都内の大型書店へ行き、「電車のなかで読むべき本」を探した。

そこで見つけた一冊が『邪馬台国 清張通史①』（講談社文庫）だった。

初出は1976（昭和五十一）年。単行本として刊行されている。

私は、松本清張の推理小説をほとんどすべて、若いときに読破した。物語の最後になっても殺人事件の状況は1ページのままますこしも進展をみせず、おしまいの2、3ページでバタバタと全容が明らかになる展開に魅了され、手あたり次第、次々に乱読した。鉄道をはじめとする乗り物や『時間表』がふんだんに登場する〝旅情派〟であることも心ひかれた理由の一つである。

しかし、2014（平成二十六）年に読んだ松本清張著『陸行水行』は、宇佐神宮に近いところに安心院《あじむ》という霧の深い盆地があることを教えてくれただけで、邪馬台国探しに影響をあたえる小説ではなかった。

沼津行き普通電車の客席で、窓の外が白み始めた国府津《こうづ》駅付近より「また例の調子のミステリーだろう」と軽く構えて表紙を開いたのだが、なんと、この本は古代史研究の本格的な論文であった。

下関駅まで乗りつぐ一日目に最終279ページへ至ったものの、読解には達せず、250ページにある次の一文が「そうだったのか」と思わせるにとどまった。

——＊夫余《ふよ》の王麻余も……不徳に帰せられて……殺された。卑弥呼も同じ運命に遭ったとわたしは推測する。

つまり『卑弥呼伝説』の最初の一行——「卑弥呼は殺された」は『邪馬台国　清張通史①』のたすきリレーだったのだ。
松本清張は卑弥呼のことを「諸国王に共にささえられている貧弱な巫女《みこ》にすぎない」といっている。天を照らす太陽が突然、消えてしまうことを予言できず、巫女としての責任をとらされたのだ——と清張はいう。
それはともかく、私にとって、この旅の復路は〝大混乱〟の一日となった。『邪馬台国　清張通史①』に初めからもう一度、目をとおしてみたところ、やはり次のくだりは「とんでもない提言」であると認識せざるを得なくなったのだ。

——次は、『漢書』の「西域伝《さいいきでん》」である。漢の首都長安《ちょうあん》から、西域諸国の王城までの里数を見ていただきたい。

罽賓国《けいひんこく》　長安を去る万二千二百里
烏弋山離国《うよくさんりこく》　長安を去る万二千二百里
安息国《あんそくこく》　長安を去る万一千六百里
大月氏国《だいげっしこく》　長安を去る万一千六百里
康居国《こうきょこく》　長安を去る万二千三百里
大宛国《だいえんこく》　長安を去る万二千五百五十里

──端数を四捨五入すると、ほぼ「万二千里」となる。

──つまり、「万二千里」というのは、中国の直接支配をうけていない国の王都がはるか絶遠のかなたにあることをあらわす観念的な里数なのである。


私の「邪馬台国＝宇佐」説は、根底から音をたてて崩れ落ちた。

以下は、松本清張の主張の骨子である。


──陳寿は「倭人伝」を書くにあたり『漢書』「西域伝」を手本として意識している。

──『漢書』の書例を『魏志倭人伝』の「鮮卑の条」や「倭人の条」に応用したのであって、「長大な距離」という観念的な里数にすぎない。

──帯方郡より女王国までの「万二千余里」は『漢書』「西域伝」の里数から、また「倭人伝」の里数・日数は『漢書』の*五服の記事から、陳寿がでっちあげた虚妄の数字であると、わたしは考える。

──「万二千余里」を実数と思いこみ、日数を里数に換算して引き算・足し算をする苦労は実りのない努力というほかない。


「倭人伝」の「距離」「日数」については、これまでの論者の大半が疑念を口にしてきた。そして、その疑念のほとんどは「邪馬台国＝大和」説にも「邪馬台国＝九州」説にも合致しない不可解さ、難解さ、もどかしさからくる言い逃れのように感じられた。

しかし、松本清張は「実数にあらず」と断じる根拠を明確に示している。

カシミールにあったとされる罽賓国、今のイランの東部にあったとされる烏弋山離国の王城がどちらも長安から「万二千二百里」であろうはずはない。陳寿は『漢書』「西域伝」の記述にならい「東夷伝」を書いたのであり、「倭人伝」に記された「万二千余里」も観念的な数字なのである――と松本清張はいう。

私は「邪馬台国の探求をはばむ最大の難関」とされてきた「距離」「日数」の謎に「筋道のとおった解答を出した」と本書3章で豪語したわけであるが、今やただオロオロするばかりである。「実数ではない」のなら、播州室津より大和まで、一月かかろうが二月かかろうが、いっこうにかまわないことになる。ここに「邪馬台国＝大和」説がよみがえる。

このように両手をあげて放心状態となったのであるけれど、それまでの一年余におよぶ読書ノートを後日、読みかえしてみたら、松本清張の「理念・虚妄」論への反論を述べた人がいることをメモしているではないか。

ほかならぬ全国邪馬台国連絡協議会の鷲崎弘朋《わしざきひろとも》会長が『邪馬台国の位置と日本国家の起源』（238ページ参照）のなかで松本清張をとりあげている。分厚い本なので、初めて手にしたときは、その該当部分に、軽く目をやっただけで、素通りしたようだ。

あらためて、ひもといてみた。

残念ながら一刀両断の批判とはいいがたい。概略、以下のような見解を鷲﨑弘朋は述べている。

――「万二千余里」の出現の仕方が『漢書・西域伝』と『魏志倭人伝』とでは、まったく異なる。『漢書・西域伝』は「長安を去ること万二千余里」とあっさり記載するだけだが、『魏志倭人伝』は帯方郡から多数の国々を経由して邪馬台国に至るまでの里程・日程を詳しく述べた後、締めくくりとして帯方郡から邪馬台国までの全里程「万二千余里」を記載している。『漢書・西域伝』の観念的な里数とは異なり、それなりに実体的重みをもつ里数といえよう。

鷲﨑弘朋は『漢書・西域伝』の里数、日数は観念的な数字かもしれないが、『魏志倭人伝』のそれは実数である――と考える立場だ。

しかし『漢書』と「倭人伝」の数字が、「万二千二百里」と「万二千余里」で、ほぼぴったり一致しているのである。片や観念的数字、片や実数とすることには〝ご都合主義〟がにおう。

＊史跡の道ウォーク＝下関市立考古博物館主催で毎年三月に実施。約6キロを2時間ほどで歩く。古墳・遺跡の前で学芸員が拡声機をつかって解説を行ってくれる。参加無料。

＊夫余＝『三国志』「東夷伝」に出てくる国の一つ。

＊五服　＝「五」は「五行学説」に由来し、「服」は「服属」を意味する。中国の都を中心にして、その外側に五つの区域を設定し、中国との親疎の順を表した。

「邪馬台国＝宇佐」説は強化された

やはり、松本清張のいうとおり、陳寿は『漢書』の記述にならった――とするしかないのだろう。

「倭人伝」に見える「日数」「距離」が理念的な数字であるとするなら、今や邪馬台国は大和にあったとも、九州にあったとも、胸をはって主張できる。

先にも述べたように、「倭人伝」の記述のうち「制・詔に基づくと考えられる内容」への信頼度は高い。「制・詔に基づくと考えられる内容」は、既述した本書の次の二項がそれに該当する。

2章（3）邪馬台国→帯方郡四回、帯方郡→邪馬台国二回

3章（1）247（正始八）年に始まる重大事件の数々

「里数」「日数」の呪縛から解放されてしまえば、考古学の調査成果と、「倭人伝」の「制・詔に基づく記述と考えられる部分」とを論拠として「邪馬台国＝大和」説を唱えることは十分に可能なのだ。

しかし、その場合も、宮﨑康平（92ページ）、平塚弘之（235ページ）、八尋秀喜（88ページ）、

および私が発見した「方位」の謎解きは、ひとえに尊重されなければならない。

「里数」「日数」の呪縛から解放されてしまえば、『古事記』『日本書紀』をしっかり考証し、それに「倭人伝」の「制・詔に基づく記述と考えられる部分」を加えて「邪馬台国＝九州」説を唱えることも十分に可能なのだ。

邪馬台国は大和にあったのか、それとも九州にあったのか？——邪馬台国の比定は私のなかで振り出しに戻ってしまった。

本書の2章（3）で、私の「大和丸」がこっぱみじんに砕け散ることを知って、「それでは、ここまでの論述は、いったいなんだったのだ」と憤慨された読者に申し上げたい。2章までの内容は、4章（1）に至り、松本清張の論によって、全部、ふたたび有意となったのデス……。

「そんな勝手な」という声が九州のほうから聞こえてきそうな気がする。

たしかに、この期におよんで「大和でも九州でも、好きなようにしてください」という態度は、さすがにとれない。

冷静になろう。おちついて思考しよう。

私の頭はまだ「邪馬台国＝宇佐」説を削除してはいない。

音をたてて崩れ落ちた——と思ったのは早計だった。

むしろ「理念的数字」論によって、私の「九州北上回帰説」は強化されたのではないか……。

よく読むと、『邪馬台国 清張通史①』は動かぬ証拠を示しながら「倭人伝」に見える「里数」

の非現実性を論じているものの、「日数」の「創作」については確かな証拠を提示できていない。「水行二十日、水行十日陸行一月」は「虚妄の数字」だ――と主張する根拠として中国古来の「*陰陽論 五行学説」を松本清張はもち出しているが、これは客観的な理由となっていない。

また、「陰陽論 五行学説」を、松本清張は、「里数の数字は観念的」とする根拠にもつかっている。

正確に記すなら、次のようになる。
◆「里数は観念的な数字」と考える根拠――陰陽論 五行学説 &『漢書』「西域伝」
◆「日数は観念的な数字」と考える根拠――陰陽論 五行学説
鷲﨑弘朋は、「陰陽論 五行学説」と「倭人伝」の数字が必ずしも合致するものではない――ことを指摘して、松本清張の「でっちあげ」論を批判している。

たしかに『漢書』「西域伝」に見える「長安から西域諸国の王城までの里数」をもち出せば、「倭人伝」に見える「里数」は「観念的な数字」と強くいえようが、こと「倭人伝」の「日数」については、『漢書』「西域伝」に相当するようなものが提示できていない。「陰陽論 五行学説」に照会するだけでは弱すぎる。

さて、そこでよくふり返って考えてみると、「倭人伝」の「里数」が「観念的な数字」であることは、実は、本書でも、すでに指摘したところなのである。

そして『邪馬台国 清張通史①』は、「里数」表記と「日数」表記を「倭人伝」がつかい分けたことについて、次のようにいう。

――「里数」になっている部分は、帯方郡使が実際に通行したところ、「日数」になっている部分は郡使がじっさいに（原文ママ）行っていないところである。

七千里、千里、千里、千里、五百里、百里、百里、すなわち帯方郡～不彌国は、帯方郡から使者が実際にたどっているが、その先の「水行二十日」かかる投馬国、「水行十日陸行一月」の邪馬台国へは行っていない――とする論である。

この点についてもすでに、私の見解を2章（3）と3章で詳しく述べた。

たしかに「帯方郡～邪馬台国 万二千余里」は観念的な数字であって、実数ではない。

なぜなら、まず狗邪韓国～対海国で船を進める時間を12時間とし、そのあいだに進む距離を千里と定めた、すなわち「千里」という言葉をつかって表現したのだから（117ページ参照）。

陳寿は「倭人伝」の執筆を始めるにあたり、倭の首都までの里数を『漢書』「西域伝」にならって「万二千余里」としたい――と考えた。

梯儁、張政などの報告書に目をとおしてみると、「万二千余里」を「12」に換算したとき、国と国とのあいだの相対的な距離の関係が、だいたい次のようになっていた。

帯方郡〜狗邪韓国		8
狗邪韓国〜対海国		1余
対海国	〜伊都国	1・4
伊都国	〜奴国	0・1
奴国	〜不彌国	0・1
不彌国	〜邪馬台国	1

合計、帯方郡〜邪馬台国「11・6余」で「12」にすこし足りない。梯儁、張政らは「沖ノ島路」を通って伊都国へ直行している。

「一大国、末盧国経由とすれば、うまく万二千余里に収まるのではなかろうか……」

陳寿は、このようにつぶやいた。

この点を確かめるためにも、武帝の言葉はたいへんありがたかったのだ（146ページ参照）。

「このたびの特派使者には『瀚海路』を通ってもらおう」

結局、「倭人伝」では、帯方郡〜狗邪韓国の数字をすこしいじって「七千余里」とすることで、みごと「女王国まで万二千余里」の記載が実現したのである。

以上の考察により、「九州北上回帰説」は強化されたと私は考える。

＊陰陽論 五行学説 ＝ 宇宙・自然界の森羅万象が変化するメカニズムを解明する理論が陰陽論。大自然のメカニズムを解明する哲学モデルが五行学説。いずれも数千年前の中国で生まれ、東洋医学の基礎理論となっている。

（2）駅館川の堤に自転車専用道がのびる

前方後円墳と三角縁神獣鏡

２０１４（平成二十六）年十一月の末、宇佐を目ざして、下関駅より朝一番の始発電車、大分行きに乗った。

関門海底トンネルをぬけ、北九州市の市街地を通り、行橋《ゆくはし》駅をすぎると田園地帯となる。福沢諭吉の生家があることで知られる中津市までくると、両側に平野が開ける。左手にあった朝日が次第に前方に移っていく。やがて電車通学の高校生たちも車内にまばらとなり、豊前善光寺という駅が近づくころ、何気なく窓のほうへふり向いたのだ。

すると、そこには、思いもかけない風景が広がっていた。ベンチ式のシートに行儀よく座っていられなくなり、足を組んで横向きになった。

なんということだろう。日豊《にっぽう》線のこの区間は、何十回となく列車で通っているのに、初めて見る風景だった。

「あれは、なんんね？」

「やまたい」

「小さかおむすびば並べたごたるね」

そんな会話文が頭に浮かんだ。

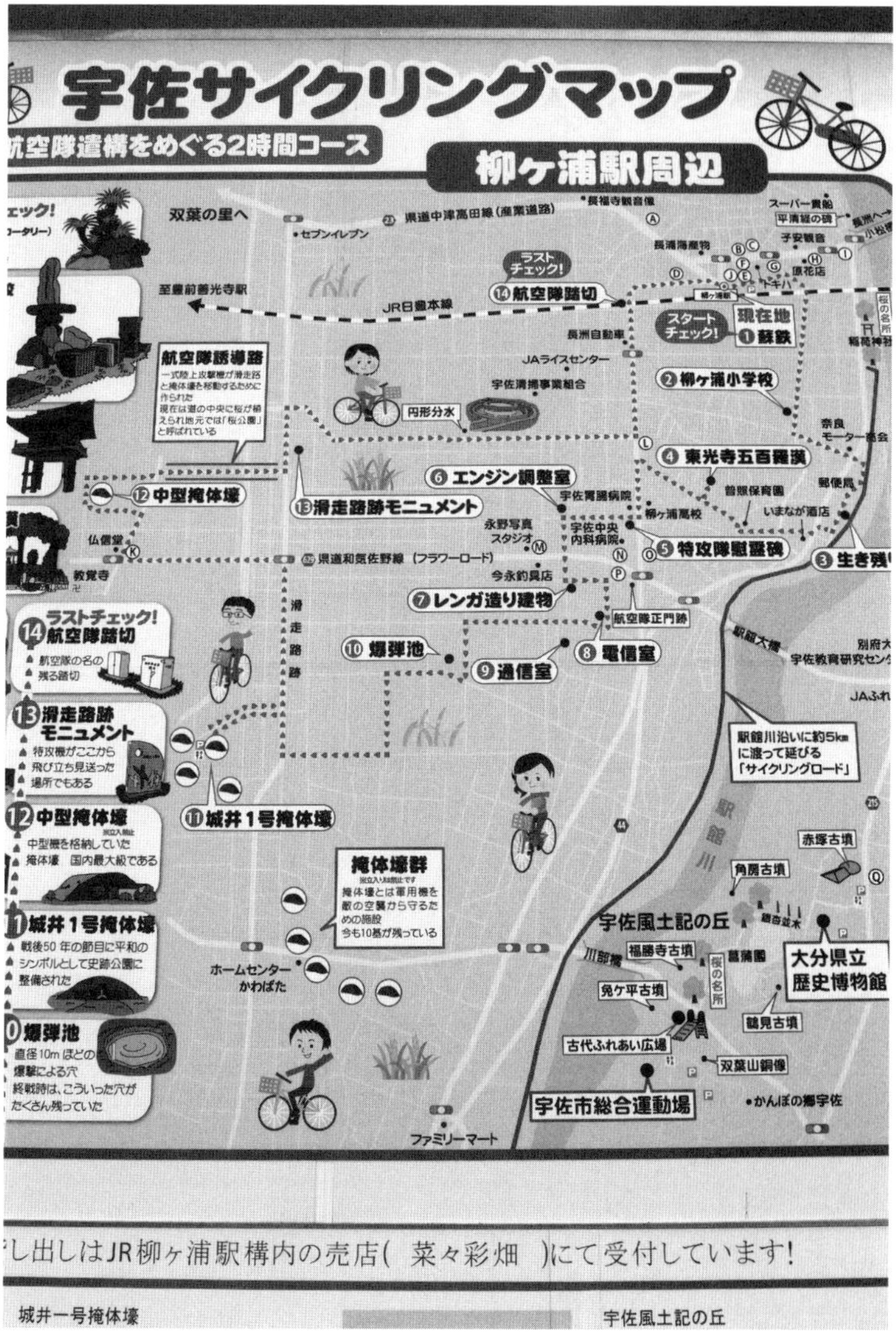

柳ケ浦駅前にたつ案内板。右上に「現在地」、右下に「宇佐風土記の丘」。

三角にとがった低い山が、三つも四つも連なり、重なりして、朝もやに霞んでいる。

下関駅から2時間弱、柳ケ浦《やなぎがうら》という駅で下車。

柳ケ浦駅の次が豊前長洲《ぶぜんながす》駅、その次が宇佐駅だが、第一の目的地とする「宇佐風土記の丘」は柳ケ浦駅が最寄り駅だ。

駅のなかに宇佐市農村女性起業グループが営む「菜々彩畑《なないろばたけ》」という店があり、ここで、電動自転車を借りた。合わせて地元産のカボスジュースと牛乳パンを購入。小さな駅で下車して、地場産の食品・飲料に出会うと、自然に顔がほころぶ。

駅構内の外れで踏切をわたり、南へ針路をとる。

駅館川《やっかんがわ》と呼ばれる川の左岸にサイクリングロードがのびている。川面に朝霧がたちのぼり、水鳥が群れて、ときおりいっせいに飛びあがる。その羽音が、あたりの静けさを限りなく深くする。農地が茫漠と広がる無人の境だ。潤いに満ち、和《やわ》らいだ空気が流れ、行く手に先ほどのおむすび連山が、すこしだけ位置関係を変えて見えている。

「ここが、邪馬台国だったのだ。とうとうやってきた」

自分の声が、頭のどこかで響いた。

駅館川の右岸に、緑に覆われた台地がおちこんでいる。この森の向こうに「宇佐風土記の丘」はあるはずだ。

「宇佐風土記の丘」は、多くの古墳（川部《かわべ》・高森《たかもり》古墳群）と大分県立歴史博物館からなる総面積約19・2ヘクタール（福岡ヤフオクドームの約二・七個分）の史跡公園で、この公園に隣接して、公共の宿や運動公園も設けられている。

地図は旅立つ前にしっかり頭に入れてきたつもりだったのに、駅館川を離れてからは、どうも方角が判然としない。市役所、図書館などのある中心部や、高名な宇佐神宮も、どの道を行けばよいのかわからない。案内標識がない。芭蕉・曾良をみならって歩けば一日の旅程に収まるエリアだと想像していたのだが、現地を訪ねてみると、予想とはまるでちがってアップダウンが随所に現れる。何度か同じところを行ったり来たりしてしまった。

ギリシアのパルテノン神殿を思わせる豪奢な外観の県立歴史博物館も、100メートルほどのところまで近づいて初めて、ようやくそれと気づかされた。

前方後円墳六基をはじめ、小石室墳や方形周溝墓など、合わせて一二〇基がひしめく一帯を「宇佐風土記の丘」の名で整備し、歴史民俗資料館を併設して1981（昭和五十六）年に開園。後に資料館をリニューアルして博物館に昇格させたとのこと。

その前庭にある前方後円墳が目を引く。三世紀の築造で、全長57・5メートル。赤塚古墳といい、発掘は1921（大正十）年にさかのぼるとのこと。三角縁神獣鏡五面、碧玉《へきぎょく》製管玉《くだだま》、鉄製の刀などが出土している。それが歴史博物館の館内で保存展示されているのだが、三角縁神獣鏡の説明書きはいたって冷淡だ。

――近畿地方中枢のヤマト王権が、服属の証として地方のリーダーに分け与えた可能性が高い。

「邪馬台国＝宇佐」説を展開した富来隆《とみくたかし》や重松明久《しげまつあきひさ》（２１４～２１９ページ参照）は、赤塚古墳に大いに注目しているのだから、その目の前に県がたてた歴史博物館である以上、もうすこし「県民にやさしい」解説が行われてもよいのではないだろうか。九州国立博物館の展示がお手本になるのでは……。

銅鏡については諸説ある。重松明久がいう以下の可能性を、歴史博物館も併記する必要があるだろう。

■北部九州を平定にやってきたヤマト政権が、この地では、鏡の没収を一部、免じて残していった。

■ヤマト政権が、この地では、鏡の没収を免じて全部、残していった。

■政権の畿内への移動とともに、鏡の多くも東へ移動し、畿内で埋葬された。

県立歴史博物館には、三角縁神獣鏡のほかに、連弧文異体字銘帯鏡《れんこもんいたいじめいたいきょう》、半円方格帯神獣鏡《はんえんほうかくたいしんじゅうきょう》、長宜子孫内行花文鏡《ちょうぎしそんないこうかもんきょう》、斜縁六獣鏡《しゃえんろくじゅうきょう》が展示されていて、ガラスケースに収められた鏡の数は、全部で一五面にのぼる。うち実物九面、複製六面とのこと。

見比べると、たしかに三角縁神獣鏡の外縁だけは、月のクレーターのように三角形の〝円状山脈〟を成している。盛りあげてある文字や動物の文様も確認できて、勉強になった。

九面のうちの一面は表面をこちらに向けて展示してある。光を反射する平滑面がわずかに形をとどめており、たしかに顔を映す鏡であったのだとわかる。

「鏡」という以上、人の顔を映すことができたのだ。出版物でおなじみの銅鏡の写真は、その裏面を写したものであることを知った。

古代の鏡は、権力者が自らの力を誇示するための装飾品であり、祭祀につかった——という見方が一般的だが、一方、女性たちを喜ばせるための「世にも稀なる身の回り品」であったとする説もあり、展示されている表面を見てしまうと、後者の説にうなずける。

卑弥呼や卑弥呼に仕えた「婢千人《はしため》」は、毎朝、鏡に向かい、みんなで声をそろえてお呪いを唱えていたのかもしれない……。鏡よ鏡よ、世界でいちばん……。風にのって流れてくるそんな噂を聞き、諸国の人たちは、場面を思い描いて、おおいに邪馬台国を畏れた……。

『邪馬台国時代のツクシとヤマト』（奈良県香芝市二上山博物館 編）を読むと「婢千人」は「女性の神職集団」だとする説を歴史学者の山尾幸久が述べている。

なお、大分県立歴史博物館の三角縁神獣鏡のうち、複製六面については、京都国立博物館がその実物を保存展示している。

いき着いた和間浜に広大な干潟

さて、梅原猛は『古代幻視』で次のようなこともいっている。

——佐賀市で地元新聞社・テレビ局主催の歴史シンポジウムが開かれ、考古学者、中国哲学者、作家とともに佐賀をおとずれていたとき、たまたま「遺跡発掘！」のニュースが耳にはいり、みんなで見にいって異口同音に「これは、すばらしい」と驚いたので、吉野ヶ里遺跡はにわかに脚光を浴びたわけである。せっかく発掘されても、それが中央に繋がりをもたない地方の無名考古学者によって発掘されたために、ほとんど知られずに終わる遺跡もある。（一部省略）

川部・高森古墳群は、発見の後、保存の手が加えられたおかげで、形を留めてきたのだろう。古代史ブームの高まりにより「宇佐風土記の丘」に進化できた。

その川部・高森古墳群のすぐ近くにある東上田《ひがしうえだ》遺跡で「大規模な環濠集落が発見されました」とするインターネットのサイトもある。

行ってみて、電機メーカーの工場がたつあたりだろうと思われたが、案内看板は目にすることができなかった。吉野ヶ里遺跡の「素晴らしさ」は大規模な環壕集落であることが確認された点にあるという。東上田遺跡も「大規模な環濠集落」の跡だそうだが……。

県立歴史博物館の「解説シート」はいう。

――今後、*宇佐平野における集落遺跡の調査が進めば、遺跡としての「宇佐風土記の丘」の重要性や価値はさらに高まることでしょう。

「可七万余戸」の都はまだ姿を現していない。駅館川右岸の台地および左岸の平野に、女王の都は眠っている。

宇佐は「世界農業遺産」の里である。

「クヌギ林とため池がつなぐ国東半島・宇佐の農林水産循環」が2013（平成二十五）年三月、「世界農業遺産」に認定されている。このとき「静岡の茶草場」「阿蘇の草原」も合わせて認定された。「世界農業遺産」は「農業に育まれた文化、景観、生物多様性を次世代に継承していくこと」を目的として2002（平成十四）年に国連の食糧農業機関が始めた事業である。

私は、宇佐市文化会館の喫茶室で、うれしい昼食に出会った。白い野菜入りのハヤシライスとカラフルな野菜サラダ、濃厚な味のスープ、コーヒー付きのランチ（1000円）である。

邪馬台国に住む人たちも、毎日きっと野菜たっぷりのご馳走を食べていたのだろう。

昼食のあと、宇佐神宮に参拝した。

宇佐神宮は八幡様の由緒正しい総本宮。全国に八幡様は、四万余社を数えるという。

そして、伊勢神宮に次ぐ第二の*宗廟である。

予想を超えて壮麗な神社だ――という印象をもった。高野山奥の院、京都の鞍馬山、三河の鳳来寺《ほうらいじ》を彷彿とさせる荘厳な境内が、山裾と斜面に広がっている。ただし、宇佐神宮の社叢《しゃそう》は、おもにイチイガシやクスノキで形成されているとのことである。

かつて、大分交通宇佐参宮線と称する私鉄が、豊後高田～国鉄宇佐駅～宇佐神宮のあいだにのびていた。そこで活躍したドイツ製の小型蒸気機関車が宇佐神宮の朱の鳥居の下に保存展示してある。

宇佐神宮をあとにして国道を走りながら思った。――旅の計画をたてるとき、初めに「宇佐参宮線をしのびながら宇佐駅と宇佐神宮のあいだを歩いてみようか」と考えたものの、選択せずによかった。なおアップダウンの連続だ。電動の自転車ならばこその道筋である。

途中で左へ折れ、右へ折れて海岸へ向かった。太陽光発電のパネル群が地面に設置中であったり設置ずみであったり、よく目につく。

日豊線を越えると、行く手に平地が広がった。線路と並行する幹線道路を車が行きかう以外は、朝のサイクリングロードと同様、こちらも無人の境だ。海と思われる方向へ道が一直線にのびているが、行けども行けども冬枯れの農地が果てしなく広がるばかり。

国東半島の山並みが右前方に霞む。

あとで知ったのだが、この平地はほぼ全面的に麦畑なのだそうだ。日豊線の電車の車窓には、春なら緑色の、初夏には薄茶色のじゅうたんがつづくのだ。有名な麦焼酎の原料となる大麦をはじめ、麺をつくるための小麦、味噌用の裸麦が栽培されているとのこと。

自転車を返却する約束の時刻が近づいていたが、とにかく海を見たかった。

初冬の麦畑をやみくもに突っ切ってやっと着いたところは「あさり、はまぐりの里」だった。

松林のなかに「宇佐市和間《わま》海浜公園」という小さな公園が設けてあり、狭い砂浜の先に、広大無辺の干潟が横たわっている。

私は数年前、中津干潟の前に立ったことがある。やはり自転車を中津駅で借りて、海まで走った。そのとき見た風景とまったく変わらない。

中津市から国東半島の付け根にかけての海岸線は、国内有数の干潟で覆われていることを、和間海浜公園に立って、知った。

邪馬台国の人たちは、駅館川の河岸に設けた桟橋で丸木双胴船に乗りこみ、はるか干潟のかなたに碇泊する帆かけ船へ向かったのだ。そして、周防灘を横切って不彌国にたち寄り、三、四日で宗像の伊都国へ至った。これが倭の幹線航路であった。

なぜ「倭人伝」は「不彌国～投馬国～邪馬台国」に限って日数を記し、距離を示さなかったのか？　距離表示で進んだ「帯方郡～狗邪韓国～対海国～一大国～末盧国～伊都国～奴国～不彌国」を踏襲せずに。

それは、報告者が自らの使命を果たすために九州を巡回した――その倭めぐりに要した日数なのであって、陳寿も「労をねぎらう」意味をこめて、距離ではなく日数を採用したのだ――

という推論が、私の出した「宇佐説」から導きだせる。

陳寿は、第一段のまとめの言葉として、次の一文を記すことを初めからきめていた。

……自 郡 至 女王国 万二千余里

「これなら、邪馬台国の位置が謎めいて、面白いかもしれない」という悪戯心も、すこしはたらいたのかもしれない。けれども、おかげで邪馬台国は長い長い時間にわたって「秘められた女王国」「謎の国」「まぼろしの都」にとどまることになった。

曇り空で視程が悪く、判然としない水平線を探しながら、私は心のなかで呼びかけていた。

「宮﨑康平さん、干潟は有明海だけではありませんでしたよ。ここも干（日）向の国の候補地の一つかもしれませんね」

弱くうち寄せる波音がかすかに聞こえるばかりで、和間浜の松林は底知れぬ静けさに沈んでいた。

＊宇佐平野 ＝ 国東半島の北西部から北九州市東部にかけて周防灘沿岸に広がる平野は、1958（昭和三十三）年以降、学問的には中津平野と呼ばれている。
＊宗廟 ＝ 皇室の祖先の霊を祀るところ。

（3）「邪馬台国＝宇佐」説を支える三本目の柱

宇佐平野で、画期的な遺跡を発見！

年が明けて2015（平成二十七）年の春までは、「邪馬台国＝宇佐」説をこれまでに唱えた先人の論に耳をかたむけることに時間を割いた（付章参照）。合わせて、九州北部・下関への旅をくり返し、途中、関西にもたち寄って、たくさんの遺跡・古墳・ミュージアムへ足を運んだ。同時に『古事記』『日本書紀』の世界に足をふみ入れ、『ほつまつたへ』もすこしかじった（237ページ参照）。

そして突然、邪馬台国は動いたのだ。

宇佐平野に新たな遺跡が出た。

考古学者の石野博信が、2015（平成二十七）年六月二十日、全国邪馬台国連絡協議会の「第2回東京地区大会」において講演し、近年注目すべき遺跡の一つとして、大分県宇佐市の小部《こべ》遺跡を紹介したのである。纒向《まきむく》遺跡や吉野ヶ里遺跡と同列において、小部遺跡のことを語ったのである。

私にとってまったくの初耳で、「重要遺跡の発見！」に等しく、たいへん衝撃的な話であった。

石野博信は纒向遺跡の発掘調査を主導した人物として高名で「邪馬台国＝大和」説の代表のように世間では思われている。その日本を代表する考古学者の一人が講演で何度か「どこでもいい」とつぶやき「今のところ、ヤマトです」といった。

纒向や吉野ヶ里と同類で、邪馬台国の時代に営まれたと考えられる画期的な遺跡は、最近の発掘調査の進展にともない、七ヵ所を数えるに至っているという。

小部と纒向、吉野ヶ里との共通点は、簡単にいえば、いずれも「三、四世紀の居館の跡」であることだそうだ。小部と吉野ヶ里では環壕（*環溝）が外界との境界線を成して刻まれている。また、小部と纒向は、中心部に方形区画《ほうけいくかく》を有する。吉野ヶ里には北内郭、南内郭と名づけられた区画がある。

高校の日本史Bの教科書――山川出版社 2014（平成二十六）年三月発行『詳説 日本史』に「環濠」が二回、出てくる。まず、「弥生人の生活」を語るところに、次のような解説がある。

――集落には掘立《ほった》て柱《ばしら》の高床倉庫や平地式建物もしだいに多くなった。集落を構成する住居の数も多くなり、大規模な集落も各地に現われた。それらの中には、周りに深い濠や土塁をめぐらした環濠集落も少なくない。

次は「古墳時代の人々の生活」のところ。

――古墳時代は支配者である豪族（在地首長）と被支配者である民衆の生活がはっきり分離し

た時代でもあった。豪族は民衆の住む集落から離れた場所に、周囲に環濠や柵列をめぐらした居館を営んだ。この居館は、豪族がまつりごとをとりおこなう所で、また生活の場でもあった。さらに余剰生産物を蓄える倉庫群もおかれたらしい。

「環濠」「方形区画」「居館」がキーワードであることを理解し、居てもたってもいられずに、七月初め、私は新幹線で西下した。朝の電車で柳ケ浦駅におり立ち、例によって電動自転車を借りた。

実際は、先に小部遺跡へ向かい、そのあと宇佐市民図書館を訪ねたのだが、市民図書館で目をとおした宇佐市教育委員会２００４（平成十六）年発行の「宇佐地区遺跡群発掘調査報告書Ⅰ小部遺跡」（約１４０ページ）に書いてあることを紹介しよう。

まずは基本事項。

遺跡名………小部遺跡　　　種別…………集落跡
調査原因……住宅建築　　　おもな時代…古墳時代
おもな遺物…弥生土器　土師器《はじ》　須恵器《すえ》　高坏《たかつき》・甕《かめ》・壺・小皿・器台
場所…………大分県宇佐市大字荒木字小部　北緯33度33分13秒　東経１３１度20分23秒

宇佐平野では１９７０（昭和四十五）年以降、大規模な*圃場《ほじょう》整備事業が実施され、その土木工事の際、小部地区で外来系（吉備地方の土器に類似）の壺形土器がほぼ完全な形で掘り出され、注目されるようになった。そこで、発掘調査が１９８３（昭和五十八）年に始められ、２００１（平成十三）年まで、一七次にわたって実施されている。

「小部遺跡報告書」は以下のようにいう。

――弥生時代の環溝集落から古墳時代の首長層居館へと発展する過程を知ることができる遺構。

――小部遺跡の環溝遺構は弥生時代の環溝集落の形態を残しつつ、古墳時代の定型化した豪族居館の特徴を有している。そしてこれに続く方形区画遺構こそ、まさに首長層居館として発展、成立したものと考えられる。

――環溝遺構は南北約１２０メートル、東西は１００メートル以上ある。

――方形区画遺構は環溝遺構のほぼ中央に占地しており、規模は南北約50メートル × 東西約37メートルである。

――２棟の掘立柱建物跡が復元可能となった。

纒向が東の横綱、吉野ヶ里が西の横綱だとするなら、小部は西の小結ぐらいだろうか。

小部遺跡の環溝は１・２ヘクタールの土地を囲っているにすぎない。

吉野ヶ里遺跡の場合、北内郭と南内郭を含む「環壕集落ゾーン」だけで約20ヘクタールある。纏向遺跡で発見された、東西一直線上に並ぶ四棟の建物群は、南北約100メートル、東西約150メートルの長方形区画のなかにあると推定されている。すなわち、広さは約1・5ヘクタールだ。

小部では、「倭人伝」のいう「楼観《ろうかん》」や吉野ヶ里遺跡の主祭殿のような大型建物も見つかっていないようだ。この点を、念のために宇佐市教育委員会に問い合わせたところ、「2001(平成十三)年三月以降、再調査は行っていません。新たな事実は発見されていません」とのことである。

「居館跡が見つかったからといって、ここが邪馬台国だ——と喜ばないほうがいい」

講演会での石野博信の言葉がよみがえってくる。

＊環溝＝「小部遺跡報告書」は「環濠」とはいわず「環溝」と表現している。『最新日本考古学用語辞典』(柏書房)に「濠には防御施設の意味が伴っており、それをさけるために環溝なる語を用いる研究者もいる」とある。ちなみに、かつては「環湟」「環隍」と書いた。「湟はみずぼり、隍はからぼり。現在は環濠、環溝といい、湟、隍の字は用いない」とある。また、「環壕」は、からぼりを意味するとのこと。

＊圃場整備＝農地を区画整理するとともにエリア全体を再開発して農地としての環境の向上を図ること。

小部遺跡の北に眠る乙咩遺跡

柳ケ浦駅のはずれで踏切をわたり、すこし行った交差点で右折する。田園のなかに一直線の道が西へ向かってのびている。右手にJR九州の日豊線が並行する。北海道を彷彿とさせる広大な宇佐平野。――小雨のために果ての見えない農地に、碁盤の目を描く完全な直線路――。そのうちの数本が幹線道路で大半は車の行き違いができる程度の、舗装された農道であることが、わかってくる。たいていは圃場整備事業によって生まれた道であろう。

やがて、黒川という細い流れをわたる。水田の排水を海へ流すための川だそうで、これも、直線だ。

わたった目の前に、乙咩《おとめ》神社という、ささやかなたたずまいの神社。五世紀頃の方形周溝墓がここで見つかっている――と記した看板がたててある。

地元の人、ふたりに尋ねるが、小部遺跡など知らないという。

旅立つ前に、市教育委員会に電話で問い合わせたところ、「小部遺跡の案内板はたてていませんが、石棺の前に標識をたてています」とのことであった。

その「市指定史跡 御塚石棺」の所在地を、目にとまったお寺の呼び鈴を押し、住職に教えてもらって、なんとかたどり着くことができた。白い標柱に次のような説明が書きこんである。

――黒川に沿った一帯には、古墳時代に勢力を有した豪族たちのムラ（小部遺跡）が発見されており、この墓はそれらの豪族と深い関係があると考えられます。

この説明は「小部遺跡報告書」と合致しない。

「小部遺跡報告書」は、時代を次のように四つに分けて「Ⅱ期が小部遺跡の中心時期」と述べている。

Ⅰ期　弥生時代終末期　　　　Ⅱ期　古墳時代前期の集落が営まれた時期

Ⅲ期　方形周溝墓が造られた時期　　Ⅳ期　古墳時代後期の集落が営まれた時期

さらに「小部遺跡報告書」は次のようにいう。

――当集落と同時期の墓地としては、およそ3キロ南東にある川部・高森古墳群の他はない。

川部・高森古墳群といえば、宇佐神宮と並ぶ、宇佐市の名所「史跡公園 宇佐風土記の丘」だ（194ページ参照）。

大分県宇佐市大字荒木字小部を自転車でめぐった。黒川の左岸に沿って、南北へ細長い洪積台地がのびている。標高は最高地点で10・3メートル。農家が点在し、日本中どこでも見られる、おだやかな農村風景だ。銀色に塗られた火の見やぐら。一日に数本しかこないバスの停留所。公民館。保育園。

梅原猛がいう「せっかく発掘されても、ほとんど知られずに終わる遺跡」に小部遺跡はなりつつあったようだ。

石野博信は、聴衆の笑い声をさそい、場の空気を和やかにするために「どこでもいい」と、つぶやいたのかもしれない。

2012（平成二十四）年発行『邪馬台国とは何か』（新泉社）を開くと、発行の二年前、纒向の地で、石野博信は次のような言葉を発したことが記されている。もしかすると小結をたくさん並べて横綱の強さを際立たせる作戦か……。

――三世紀の建物だったというのが、少なくとも西日本にはいくつかあるに違いない。それらが出そろってはじめて、西日本のなかの三世紀以降の居館の議論ができるのではないかと思って、期待しているんです……そのなかで、これほどのものは、ここにしかないということになってくると思います。

「これほどのもの」とは、いうまでもなく纒向遺跡をさす。

石野博信の期待どおり、最近になって、八王子遺跡（愛知県一宮市）、伊勢遺跡（滋賀県守山市）、森山遺跡（京都府城陽市）、尺度遺跡（大阪府四条畷《しじょうなわて》市）、そして小部遺跡が三世紀の居館跡としてクローズアップされるようになった……。

4章（3）も時間切れが近づいている。最後に大胆な想像を述べさせていただいて、閉幕としよう。

もしかすると、小部遺跡は、卑弥呼の政治を補佐した弟の政治空間だったのかもしれない。いわば南内郭だ。卑弥呼が祭祀を行った空間、北内郭は、小部遺跡の北側、隣接地の農家の下になお眠っている……。発見されるなら、地名をとって乙咩《おとめ》遺跡と名づけられるだろう。

これまでに「邪馬台国＝宇佐」説は伝承に支えられてきた。宇佐神宮と『古事記』『日本書紀』などに依拠して邪馬台国を宇佐に比定し、その論を本にして発表した人は、一〇人以上にのぼる（付章参照）。

このたび、「鉄道の旅」を専門とする文筆家の私が「倭人伝」の残した「方位」「距離」「日数」の関門を正面突破することで、「邪馬台国＝宇佐」説の正しさを裏づけるところとなった。

そして、纏向や吉野ヶ里に匹敵するという考古学上、貴重な遺跡の存在が宇佐平野で明らかになった。

「邪馬台国＝宇佐」説は三本の柱によって支えられるに至った。

もしこの先、宇佐平野で「親魏倭王」の金印（または難升米の銀印）が発掘されるなら、三脚は四脚となる。中心に巨大な柱を設けた四脚の台の上で、妖艶な輝きを放つ小さな金印（銀印）――。大分県立歴史博物館の特別室で拝観の僥倖にめぐまれる日がくることを祈りたい。

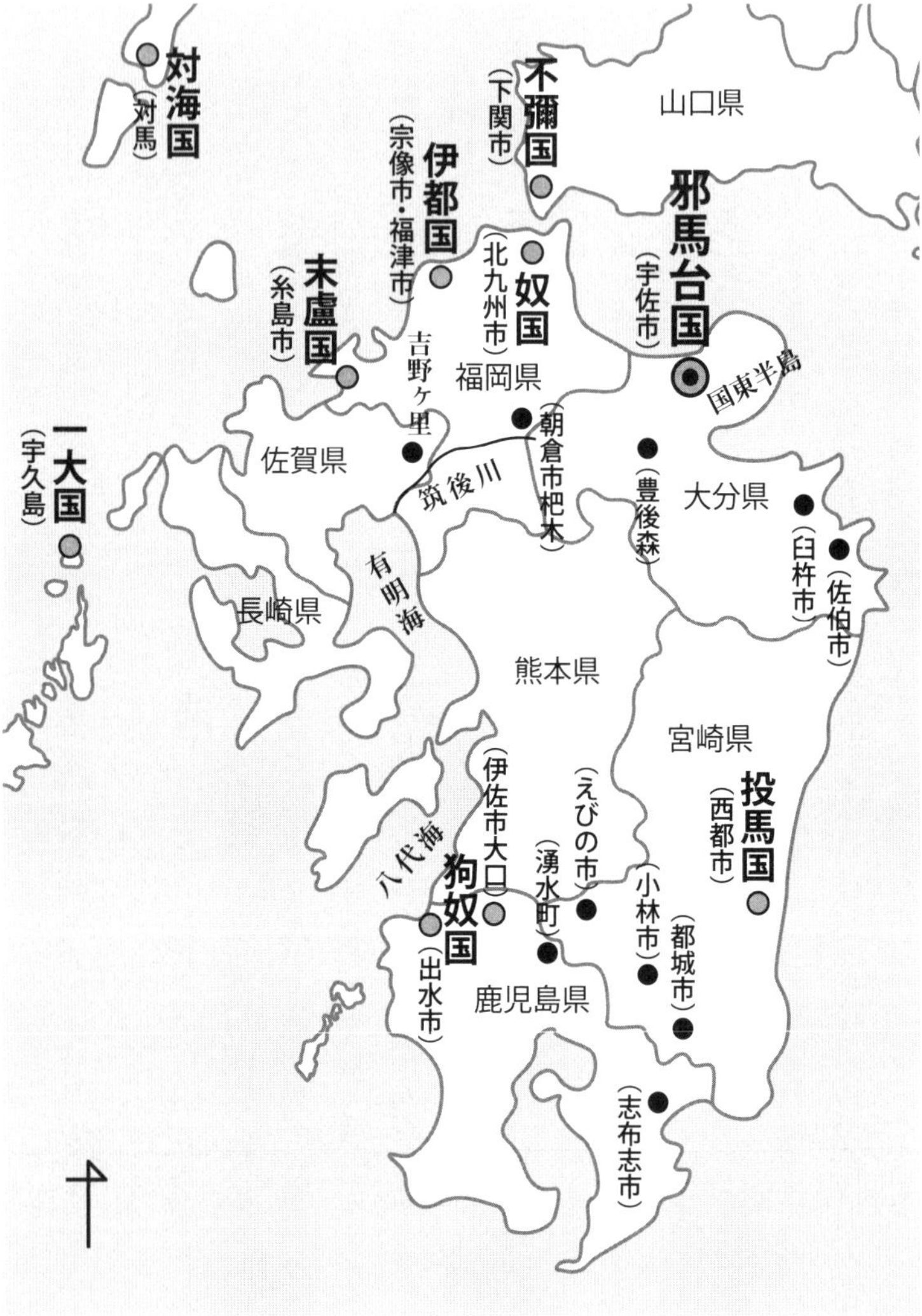

対海国
（対馬）
不彌国
（下関市）
山口県
伊都国
（宗像市・福津市）
邪馬台国
（宇佐市）
末盧国
（糸島市）
奴国
（北九州市）
吉野ヶ里
福岡県
国東半島
一大国
（宇久島）
（朝倉市杷木）
佐賀県
筑後川
（豊後森）
大分県
（臼杵市）
（佐伯市）
有明海
長崎県
熊本県
宮崎県
投馬国
（西都市）
（伊佐市大口）
（えびの市）
（湧水町）
八代海
狗奴国
（小林市）
（都城市）
（出水市）
鹿児島県
（志布志市）

付章　女王の都で手をとりあう論者たちの既刊書を読む

邪馬台国を九州の宇佐に比定する論を発表した人は、これまでに一五人にのぼる。

先人は、どのような研究成果に基づいて宇佐とするに至ったのか、また比定までの道筋は、私の論拠と重なっていないか。――それを確かめるため、おもに国立国会図書館へ何度となく足を運んだ。

その結果「ほとんどの人が卑弥呼と宇佐神宮を関連させて論じている」ことが宇佐説の特徴であることがわかった。しかし、論旨は各人各様で、実に多彩だ。また顔ぶれも、史学専攻の学者はもとより、医者、弁護士、気象学者、作家、新聞記者、そして町長、さらには幼稚園の先生、ＰＴＡ会長、主婦など多方面におよんでいる。皆さん、真剣に論述に努めておられる。

しかし「方位」「距離」「日数」の問題にまともにたち向かっている論者は多くない。

せっかく同じ場所に邪馬台国を比定したのだから、小異を捨てて大同につき、みんなで手をとりあい、「邪馬台国＝宇佐」説の正しさを一般に伝えていきたいものだと思う。

先人が残した著作物の概要を、これから、発表順に紹介することにしたい。

◆卑弥呼　富来隆　１９７０（昭和四十五）年

邪馬台国を大分県の宇佐に初めて比定した人は、東京帝国大学文学部史学科卒の富《とみ》来《く》隆《たかし》だ。

１９１８（大正七）年、東京生れ。１９７０（昭和四十五）年刊行の『卑弥呼』が、今日も市場に流通している。刊行当時、富来隆は大分大学の教授だった。「〝宇佐・山戸〟論を展開するようなことになったのは昭和二十八・九年ごろであった」と述べている。

――女王国が北九州の範囲内なのだとすると、「不彌国」から「投馬国」を経て「邪馬台国」に至るための日数が、水行（二十日＋十日）計三十日と陸行一月とを要するというのは、実際の地理に比べてあまりにも大きい数字である、ということになる。ここに問題が生じた。

このように的確な問題提起がなされている。

けれども、その答えは難解だ。「所要の実際の日数ではなく」がキーワードのようだ。「倭人伝」独特の「方向の論理」「里数の論理」「日数の論理」を見ぬき、「形式合理性を貫く」ことが大切だと富来隆はいう。

「倭人伝」が「其の山には*丹《に》がある」「朱や丹をその身体に塗る。中国で白粉を用いる如し」という点をとらえ、大分県の佐伯《さえき》地方や今の大分市丹生《にゅう》が丹の産地であったという指摘、また「朱は銅鏡を磨いたり、めっきしたりするのに欠かせない」の部分、そして、国東半島の沖に浮かぶ姫島に*黒曜石で覆われた岩場がある――という指摘は興味深い。

『卑弥呼』のなかで、富来隆は卑弥呼の「鬼道《きどう》」の中身を探っている。

「倭人伝」は卑弥呼の「能く衆を惑わす」力を諸国が畏れたというが――その理由が『卑弥呼』を読めば、すこしわかるような気はしてくる。しかし、深入りしたところで、愉快になれる話ではない。まだ文明が開けていなかった時代に生きた人々の、ドロドロとした心の奥底に引き込まれるようで、気の小さな人は本を閉じたくなるだろう。

大分県の宇佐を邪馬台国に比定する根拠の一つとして、「倭人伝」がいう「女王国の東、海をわたること千余里にまた国がある。いずれも倭の種である」を富来隆はあげている。私もこれはたいへん重要な点だと思う。

ちなみに、この部分は「東南　陸行五百里　到伊都国」「南　至投馬国」「南　至邪馬台国」の書き方と異なり、「女王国東　渡海千余里　復有国　皆倭種」と書かれている。――ということは、ここここそ「女王国より東の方角、海をわたること千余里に」と読むべきなのだ。

――「邪馬台《やまと》」女王国が豊前平野の地にあって、その伝統が八幡大神（ヤワタ）に顕現したのではないか……。

富来隆は、この本の終わりのほうで、このように述べている。

宇佐神宮の上宮、本殿は、標高50メートルほどの小椋山（亀山）の山頂に鎮座する。その入り口にたつ西大門。

「八幡大神（ヤワタ）」は宇佐神宮をさす。

＊丹　＝赤色の顔料。

＊黒曜石＝先史時代より石器の素材として珍重された。ペンダントなどの装飾品ともなった。古代においては、朝鮮半島、大陸方面への重要な交易品となっていただろうと考えられている。

◆邪馬台国の研究　重松明久　1969（昭和四十四）年

広島文理科大学史学科卒の重松明久《しげまつあきひさ》が、邪馬台国を豊前・豊後に比定して『邪馬台国の研究』と題する本を著している。1919（大正八）年、大分県中津市生れで、刊行当時、福井大学の教授。

千代田区永田町の地下深くから垂直コンベアであがってきたその本は、紺色一色ハードカバーにアルミ箔押しの文字という装丁。六〇〇ページ近くあってずしりと重い。大学の図書館を思い出し、すこし懐かしくなった。

重松教授は「はじめに」で、邪馬台国は「豊前京都郡《みやこ》（福岡県行橋市附近）を中心とし、豊前の大部分を包括する地域である」と述べている。「邪馬（山）国と台与（豊）国の連合国家」であって「邪馬台は両国名を連称したもの」であるという。

また「四世紀初め頃、邪馬台国の東遷により、大和朝廷が成立した」とも書いている。

15ページまで読んで、重松教授の研究に私の論はまったく抵触していないことがわかった。

――日程記載においても四、五倍の誇張は当然予想すべきこと、いうまでもなかろう。

――邪馬台国そのものは、投馬より水行十日、陸行一月とみえるので、実際は水行二日、陸行五、六日程度のところにあったものと思う。

読み進むと、45ページに、おもしろい数字が出てきた。三角縁神獣鏡の国別出土数――1940（昭和十五）年六月頃までの調査集計だという。

大和　二六　　山城　一五　　摂津　一四　　近江　一〇

豊前　二〇　　筑前　七　　筑後　三　　両肥　二

昭和の初めにおいて、旧国名でいって豊前、筑前、筑後、肥前、肥後の各地――すなわち、北部九州は、空にヒバリ、水路にメダカ、タニシ、ミズスマシ、あぜ道にタンポポ、スミレ、……。明るい光に満ち満ちた、どこまでものどかな田園地帯だったことが思われる。

志賀島《しかのしま》で見つかった金印に関する重松明久の次のような指摘は、私の「邪馬台国＝宇佐」説をあと押ししてくれる。

――八世紀頃までの音韻から逆推するかぎり、委は「い」と発音された可能性の多かったことを思わざるをえない。以上により、印文の国名は、委奴《いな》国と読むべきで、この国は伊都国と奴国の連合体と想定すべきであろう。

◆邪馬台国の所在とゆくえ　久保泉　1970（昭和四十五）年

九州説の論者は、自分の郷土に邪馬台国をもっていくきらいがある――という批判の広がりを牽制して、初めに「大分、九州とはなんの関係もない人間」と断っている。大阪府高槻市在住の弁護士とのこと。1964（昭和三十九）年から翌年にかけて発表した三冊の小論を、加筆修正のうえ一冊にまとめた本だという。

「邪馬台国の地域的範囲は豊前、豊後を合わせた地域であり、邪馬台国の都は宇佐地方であり、卑弥呼の塚は宇佐神宮の本宮のある亀山であり、大和朝政府は宇佐地方にあった邪馬台国が東遷して作ったものである」が結論とのこと。

「方位全部を、すべて同一の方向に修正」することで「方位」の問題を解決する――という考え方であることはわかったが、邪馬台国を宇佐に比定する理由に「距離」「日数」がどのように関わってくるのか――についての説明を、私は読みとれなかった。

◆邪馬台国宇佐説を立証する　中野定　1970（昭和四十五）年

26ページを束ねた冊子。表紙に「大阪府立千里高等学校PTA会長」とある。住所も明記。

二十一世紀の現代では、本に著者が自分の住所を記すなど、ありえない話だが、昭和五十年代までは珍しいことではなかったと記憶する。付章に登場する一八人のうち大半の人が現住所を明記している。

本文中に「戦略」「戦術」が数多く出てくる。著者は「戦略、戦術については、専門に学び、又実戦で応用もしてきた」人だそうで、その「戦術上の要点」に着目して「邪馬台国＝宇佐」説に至ったという。大和の三輪山《みわ》と、宇佐八幡宮の奥院である馬城峯《まきのみね》(御許山《おもと》)との結びつきが、「最終的な極め手」になったと述べる。御許山（６４７メートル）はＪＲ九州、日豊線宇佐駅の南５キロにそびえる山。

――馬城峯がこうした、四周を見渡せる位置にある……。

――東征後、この巻向山が占領軍の根拠地になったことは、当然のことである。

また、中野定の次の指摘は心にとまる。

――迷信を信じ、神のたたりを殊の外おそれた当時、安万侶は、学者としての苦しみと、たたりをおそれての苦悶と、二重苦を背負いこの苦しみから逃がれるために、記紀をはじめとする読本の編纂にあたっては、建国の真実を表面上隠しながらも、真実をまた婉曲に書きとどめていることに気づくのである。

◆気候の語る日本の歴史　山本武夫 著　1972（昭和四十七）年

「邪馬台国＝宇佐」説ではないが、「国東半島の南岸から別府湾沿いに*地蔵崎あたりの範囲」が邪馬台国だったと論じているので、参考にしたい。

山本武夫は、1911（明治四十四）年、山口県生れ。大阪大学理学部物理学科卒。気象学が専門で山口大学名誉教授。

『気候の語る日本の歴史』刊行後、1975（昭和五十）年までに寄稿した雑誌二冊ほか数冊が国立国会図書館の蔵書となっている。三冊を読んだ限り、論点は共通している。

卑弥呼の時代は「小氷期気候の底に当って居り、邪馬台国の位置は、温暖な南九州以外に考えられない……近畿地方に強盛な部族国家が繁栄したとは考え難い」と、山本武夫はいう。

小氷期とは、極圏が寒冷化し、極と低緯度地方の温度差が大きい期間のことで、小氷期気候は北の地方に厳しく表れ、南に緩やかに表れるのだそうだ。

卑弥呼の時代は「世界の気候について*christian era における最大最深の小氷期の谷間であった」とする点こそは山本武夫の専門分野であり、〝邪馬台国を論じる本〟では誠に稀有な、図表多用の手法で、研究成果を披露している。

「倭人伝」に見える各国の戸数に注目しようと山本武夫はいう。

——一千余戸（対海国）、二万余戸（奴国）、五万余戸（投馬国）、七万余戸（邪馬台国）など——その数値の絶対的な信憑性はともかくとして、「邪馬台国は対海国の七〇倍」「投馬国は奴国の二・五倍」などの相対的な比較はできる。そうすると全八ヵ国（対海国〜邪馬台国）の全人口の半分近くが邪馬台国に集中していたことがわかる。つまり、邪馬台国は経済的に繁栄し、人口が集中し、部族国家を統率して、倭を代表する国であった。小氷期の天候が農業生産の不振、その結果の飢饉をもたらし、ひいては民衆の騒乱を惹起してきたことは、歴史的事実として記録されている。いわば「歴史の横糸」としての気候が「見落とされたり過小に評価されたりすることは許されない。（要約）

そして「倭人伝」のいう「女王国の東、海を渡る千余里、また国あり。みな倭種なり」について、山本武夫は「邪馬臺国が九州東海岸に存在していたことを、千金の重みをもって断定している一行」と述べている。

人口の話が出たところで、蛇足ながら、「王畿の大和」と「辺陲の宇佐」との現状での人口差を見ておこう。

宇佐平野を中心とする周辺一帯の現人口は以下のようになっている。

中津市＝約8万4000人　宇佐市＝5万6000人　豊後高田市＝2万3000人

計　16万3000人

一方、纏向遺跡が所在する大和は次のとおり。

天理市＝6万7000人　　桜井市＝5万8000人

計　12万5000人

＊地蔵崎　＝佐賀関半島の突端にある岬の名。一般には関崎という。

＊christian era＝西暦紀元

◆邪馬台国の秘密　高木彬光　1973（昭和四十八）年

ミステリー作家の高木彬光《たかぎあきみつ》が『邪馬台国の秘密』と題する小説を著している。高木彬光は、1920（大正九）年、青森県生れ。京都帝国大学工学部卒。

小説という形式をとってはいるが、物語性や登場人物の人となりなどにこだわることなく、とにかく邪馬台国の位置をめぐって、会話文による猛烈な論及を延々とつづける。登場人物は二人だけといってよい。

初めのほうで高木彬光は次のような名言を記している。

――結論は仮にいままでの候補地のどこかにおちつくことになるとしても、それまでには方法論として、どこかに前人未踏のアプローチがなければならない。

また、小説の中ほどで、こうもいっている。

――距離と日程の問題に対しては、いままで誰一人として納得できる解決を出していません。

――九州邪馬台国説のすべてに通じる泣きどころ……陸行一月という難題はどうしても克服できない。

そのことは、四〇年後の今日まで同じ状況がつづいてきた――といわざるを得ないと、私は思う。

現在の唐津市付近から糸島市付近にかけて、古代、海岸線は北陸の親不知子不知に似た地形だったのであり、そんなところを「銅鏡百枚」を担いで陸行するはずはない――というくだりまできて、私はすこし緊張した。

――いったい松浦半島を末盧国、糸島半島を伊都国、博多付近を奴国と比定したのにはどんな根拠があったんだ？

まったく同感であるが、使者の一行は宗像の神湊《こうのみなと》より上陸したのだ、宗像が末盧国だ――の論を目にして「これはもしや……」と、息ができなくなった。図書館のブースで身を固くして、かたずをのんだ。

新井白石以来の各国の比定を、すでに昭和四十年代に覆した人がいたことを、私は初めて知った。これまでに読んだ本のいずれでも、そのような論の紹介はなかった。歴史研究者たちが「形式」を重視して、敬遠してきたのだとしたなら、不幸な話である。

しかし、幸いにして「私の宇佐説が既存であったら……」は杞憂に終わった。

『邪馬台国の秘密』は、晋の使者が九州山地の山里をめぐった――というような筋書きになっていない。高木彬光は、私と同様、投馬国を宮崎の西都原へ送ったうえで「狗邪韓国～対海国千余里」などの「余」をつかまえて、邪馬台国を宇佐に比定している。不彌国と邪馬台国は、お隣同士だったとしている。

「余」に、次のように実数を割りふっている。

帯方郡～狗邪韓国　七千四百五十里
狗邪韓国～対海国　千三百　　里
対海国～一大国　　千三百　　里
一大国～末盧国　　千二百五十里

その合計「一万一千三百里」と「末盧国～伊都国 五百里」「伊都国～奴国 百里」「奴国～不

彌国 百里」との合計――すなわち万二千里を「帯方郡～邪馬台国 万二千余里」から引けば、何も残らないではないか――と高木彬光はいうのである。

「なるほど」と思わせる謎解きではあるが、これだけでは「陸行一月」の不可解さが晴れない。

◆邪馬台国と豊王国　安藤輝国　1973（昭和四十八）年

安藤輝国《あんどうてるくに》は読売新聞西部本社編集局報道部に勤務とある。

「失われた豊《とよ》王国の歴史を考えていく過程で、豊王国と邪馬台国が一つの線に結びつくことを知り、宇佐が長期にわたってその首都であったことを認識した」という。

豊王国は、紀元前二、三百年頃から九州北部を拠点とした強力な古代原始国家だそうだ。

次の二つの論は目新しい。

――古代統一国家の実現は九州勢力、とくに九州に根をおろした外来民族（天孫族）と、南九州に勢力をつちかっていた先住民族（土着人）の融合統一した姿で進められた。

――邪馬台国の消滅は、九州勢力間の争闘による以外の何ものでもない。

「倭人伝」が残した「方位」「距離」「日数」の謎を解いていくことで宇佐にたどり着く――という論究にはなっていない。

しかし、宇佐神宮をめぐる以下の二点の指摘は、括目に値する。

――藤崎八幡宮（熊本）、筥崎《はこざき》宮（福岡）、香椎《かしい》宮（同）、石清水《いわしみず》八幡宮（京都）、鶴岡《つるがおか》八幡宮（神奈川）といった八つの大社を従えている。

――三女神は宇佐から宗像へ移動する。

◆邪馬台国は大和でない　市村其三郎　1973（昭和四十八）年

市村其三郎《いちむらきさぶろう》は1928（昭和三）年、東京大学文学部卒、歴史学専攻。刊行当時、東洋大学の教授。それ以上の紹介は本のなかにない。

副題に「皇国史観を斬る」とあり、以下のように筆を運んでいる。

――日本軍国主義に拍車をかけたものは、なんであったか。臣民の歴史あるを知って、人民の歴史あるを忘れた明治憲法的歴史観ではなかったか。明治憲法を生んだ封建主義の天保学ではなかったか。天保学を生んだ水戸学派の独断的な九州説ではなかったか。それに対応した新大和説ではなかったか。総括していえば、天孫伝説あるを知って、太伯《たいはく》伝説あるを忘れた日本書紀以来伝統の皇国史観ではなかったか。

「太伯伝説」とは初耳であるが「魏略をはじめ、太平御覧本の魏志倭人伝や晋書などには、太伯伝説が特筆大書されている……通行本の魏志倭人伝に、太伯伝説が見えないのは、伝承の際に脱落したものと考えることが、学問上の常識」で、脱落の一文は「その旧語を聞くに、みずから太伯の後という」であると市村其三郎はいう。

「権力争奪に明け暮れたいわゆる中原《ちゅうげん》の政界に見切りをつけて南方に隠遁し……孔子から『至徳』の聖人と仰がれた人物」が太伯で、その子孫が日本列島に渡来し「王統連綿として邪馬台国時代を現出した」——これが太伯伝説だという。

市村其三郎は「宇佐神道の聖地」菱形山古墳が卑弥呼の山陵——と考えられる点を根拠として、邪馬台国を宇佐に比定している。

◆古代国東文化の謎——宇佐神道と国東仏教　中野幡能　1974（昭和四十九）年

中野幡能《なかのはたよし》は1916（大正五）年、大分県生れ。東京大学文学部宗教史学科卒。この本の刊行当時は大分県立芸術短期大学教授で、宇佐市在住だった。

本書で注目されるのは、宇佐市和間浜で行われる宇佐神宮「放生会《ほうじょうえ》」のことを詳述した部分である。

和間浜といえば、私がしゃにむに自転車を走らせてたどり着いた海岸だ（201ページ）。不思議なえにしを感じずにはいられない。

宇佐神宮「放生会」は、香春岳《かわら》、浮殿《うきでん》、クグツ、ニナガイをキーワードとし、簡単にいえば、邪馬台国と狗奴国との戦争を起源とする祭りであるとのことだ。宇佐神宮について、中野幡能は次のようにいう。

——私は全国の神社を調査したが、このような邪馬台国にふさわし宗教儀礼をもつ神社を畿内大和国や筑後山門郡の神社に発見することができなかった。

香春岳は、ＪＲ九州の日田彦山《ひたひこさん》線や平成筑豊鉄道の車窓に特異な姿を浮かべる標高５００メートルほどの平べったい山。石灰石が採掘され、山肌が白く光っている。五木寛之『青春の門』の第1ページで情景描写につかわれている重要な山でもある。古代においては銅が掘りだされたのであり、「放生会」に際して、まずこの山の麓で銅鏡の鋳造が行われる。

これが和間浜にある浮殿に到着すると、海上に「古表船《こひょう》」「古要船《こよう》」が現れる。両船には「クグツ」と呼ばれる神人形が乗っていて、船上で相撲をとる。また「法鏡寺船」「虚空蔵寺船」が現れて、船上からニナガイを海に放流する。

宇佐神宮の軍隊によって平定され、首を、宇佐神宮近くに埋められた大隅《おおすみ》・日向の隼人の霊をなぐさめる祭りが「放生会」なのだそうだ。しかし、歴史的事実として、大隅・日向の隼人と狗奴国を同一視することが、研究者のあいだで定説となっているわけではない。

◆伝説で解く邪馬台国　神西秀憲　1975（昭和五十）年

神西秀憲《じんざいひでのり》は1916（大正五）年、山口県生れ。同志社高商卒。約四〇年間、日本古代史研究に没頭した——と自己紹介。

次のように数多くの伝説をとりあげ「伝説を縦横に駆使し記紀を地名解読する」ことによって「真実を解明」したとする。

クグツ伝説、徐福《じょふく》伝説、立岩伝説、お亀銀杏伝説。このほか、祖母《そぼ》山大神神婚神話や、記紀にある海幸山幸神話にも言及している。したがって、記紀の内容がある程度、頭にはいっていないとついていけない。私はやっと2015（平成二十七）年秋になって、この本を通読できた。

「邪馬台国の所在をしかと九州宇佐を神都とする豊前国（ほぼ豊前国）だと自信をもって解いてきた」と神西秀憲はいう。

「荒魂《あらたま》」「和魂《にぎたま》」についての神西秀憲の指摘は、私の頭のなかに残りそうだ。

——一般には、荒魂とは荒々しい魂（霊）、和魂とは柔和な魂だ——と解釈されているけれども、実はそうではない。「荒」とは韓国にあった安羅《あら》（後に任那《みまな》日本府となった場所）を指す語で、住吉荒魂は安羅地方で散った護国の英霊だと解ける。一方「和」とは、日本土着のことをいい、和魂とは、日本土着の霊魂のこと。

◆古代日本の航海術　茂在寅男　1979（昭和五十四）年

「邪馬台国論には触れずに話を進める予定であった」が、「『国々の方位と距離』の問題がいろいろと論ぜられているとき、その問題については最も深い関係にある本書が、その論議を避けて通ることは世間が許さないことを悟った」という。

茂在寅男は1914（大正三）年、茨城県生れ。東京高等商船学校航海科卒。刊行時、東京商船大学名誉教授で千葉県市川《いちかわ》市在住。

宇佐説を展開する本ではないが、本文中に「宇佐から臼杵に達する付近が考えられる」とある。これは、末盧国（今の唐津市）を基点にして時計回りに「水行十日」の場合で、反時計回りであれば「南限を串木野《くしきの》、北限を大牟田《おおむた》とする範囲におさまる地域」だという。どちらにしろ「陸行一月」についても「前述の時計回り、反時計回りによって計算した場所に一致する」と述べる。

「航海学専攻の理科系の学者」が指摘する次の視点は胸に響く。

——小型であっても木製のカヌーが沈んでしまうことはあり得ない。

——当時の船の材料というものは、水に浮くものばかりで作られていた。従って海難にあっても、後世の船の場合と違って、沈没するということはあり得なかったことに気付かなければならない。

——日本には朝鮮海峡を渡って大陸から来た人達があとを絶たなかったことはいうにおよば

ず……。

「……」の部分には、黒潮の流れにのって南方からやってくる人たちの話が詳しくつづくのであるが、さらに「倭人伝」に見える「裸国《らこく》と黒歯国《こくしこく》というのはパナマに近いどこかにあるというふうに地球規模での稀有壮大な論が展開されており、邪馬台国ファンには必読の一冊である。

◆深き誓いの邪馬台国　高橋ちえこ　1981（昭和五十六）年

副題が「神山・磐坐・巫女祭祀」となっている。

邪馬台国論争に女性の参入はたいへん珍しい。そのせいか文体が実に新鮮に感じられる。

「主婦としての仕事を果しながら」と本文中にある。

次の一行は、滋賀県立近代美術館所蔵、安田靫彦作の卑弥呼の肖像画を思い出させる（127ページ参照）。

――卑弥呼も、端的には「火の弥呼」ととらえたらよい……。

その「火」を意識したのか、それとも「倭人伝」のいう「朱丹」をイメージしたのか、この本の装丁は、緋《ひ》色一色に黒の箔押し文字となっている。ハードカバーに薄く凹凸がつけてあり手ざわりもよい。かつコンパクトで魅惑的な本だ。

「二十日という日数の長さは枝葉末節に過ぎない」とか「里程の数字もいろいろ学説があるが、余りあてにならない五行説の類かもしれず」と述べていて、私の論と重なることは、まったくない。以下の指摘は一考の必要があるかもしれない。

――「邪馬台」の読みに関しては、日本の文化・言語に適合した読み方という視座からすると、ヤマタイ、ヤマイチは異質に過ぎる。全く類例をみない地名である。日本の地名で最も普遍的な「ヤマダ」しかないと素人考えで思う。

なお、高橋ちえこは、昭和五十九（1984）年に続編を『宇佐邪馬台国』と題して出している。前著が評判を呼んだようで、前著刊行後のあれこれがおもに綴られている。福岡や宇佐での催しに辞退かなわず引っ張り出され「鹿児島弁の処置に困った」と書いている。終戦直後に幼児だったとも。

前著と同様、次のような文に真情が表れているように思われる。

――大切なのは、我々一般の民俗歴史の中に息づいているということです。

いるのである。

——たくさんは知らなくていい。古代人の心を呼び寄せていて、その在り所を問いかけている

◆『魏使・倭人伝』旅程記事の「分離式読み方」の提唱　伊勢久信　１９８４（昭和五十九）年

51ページの冊子。著者の伊勢久信は刊行当時七〇歳で大分県国東町の町長であった。関東軍情報部、大分県秘書課長、人事課長、厚生部長、農政部長を歴任と巻末で自己紹介している。伊勢久信は、今の宗像市を中心とする一帯を末盧国、飯塚市を中心とする一帯を伊都国、北九州市西部および遠賀川流域の広域を奴国、平成筑豊鉄道の犀川《さいかわ》駅付近を不彌国に比定したうえで邪馬台国を宇佐に比定している。「旅程を日・月数で書いてある部分」を「それまでの旅程記事とは分離して」読み、所要日数は帯方郡起点と考え、さらに「短里」で距離をとらえるなら、そうなると論じている。中国人文献学者・謝銘仁の紹介は、私にとって目新しかった。

◆卑弥呼伝説　井沢元彦　１９９１（平成三）年

すでに序章（2）と終章（1）で紹介したように、「倭人伝」の「旅程問題を一切考慮しないで」邪馬台国の位置を宇佐に比定した画期的な推理小説である。本書の32ページに引用した『ひかり』を経て『にちりん』へ」は『卑弥呼伝説』のなかに出てくる文句である。天照大御神の有名な天岩戸神話がこの作品の背骨になっていることを、そしてまた、主人公が東京駅よ

り新幹線「ひかり」の客となって西下し、小倉駅で日豊線の特急「にちりん」に乗りつぎ宇佐へ向かったことを意味する。

◆邪馬台国への行程　平塚弘之　1993（平成五）年

著者の平塚弘之《ひらつかひろゆき》は「方位」の問題をめぐり、次のような見解を述べている。私の解釈とほぼ同様の論だ。

——魏志倭人伝には対海国から見て一大国が「南」にあると書いてあるのではない。郡使達の船が出発した方向が「南」であると記しているだけである。彼らは「南」に向かって対海国の港を出発して行ったのである。

——「東南」の方向に進んだ後に少しは「南」へ行ったり「東」へ行ったり、時には「東北」へ行ったりしたかもしれない。しかし、とに角、郡使達は末盧国から「東南」に向かって出発し、五百里歩いて伊都国に着いたのである。

「方位」の謎に対する私の答えの独自性、先進性は、ここに至って崩れた。

国立国会図書館、本館第一閲覧室の天井にさがる四角いアナログ時計の針が、13時30分をさしていた。２０１５（平成二十七）年二月七日のことである。

著者の平塚弘之は、1932（昭和七）年、東京生れ。三歳のときに筑豊へ転居し、九州大学医学部卒。大分赤十字病院外科部長を経て、1981（昭和五十六）年より山田で開業医と自己紹介している。

かつて筑豊の南端に上山田《かみやまだ》線という名のローカル線がのびていて、下山田《しもやまだ》駅、上山田駅があった。「方位」の問題に対する見解は、作品の初めのほうで出てくるが、「距離」「日数」の謎解きには苦労のあとがうかがえる。

ようやく終わり近くになって宮﨑康平の「二日市水道」説を紹介し、魏使は筑後川に沿って東へ向かい、山間部をたどって宇佐に至った――と論じている。奴国より、「南へ水行十日」「東へ陸行一月」という行程だ。水陸の結節点は「宝満川の或る地点」とする。

したがって、狗邪韓国を「船が出発した方向が『南』であると記しているだけである」の謎解きも、不彌国には適用されていない。この点については、宮﨑康平にしろ（92ページ）、八尋秀喜にしろ（88ページ）しろ、同様である。ターニングポイントの「南」に適用すると「邪馬台国＝大和」説に塩を送る――ことになる。それがわかっていて慎重に避けたのか、それとも気づかなかったのか……。

「宝満川の或る地点～宇佐」に「陸行一月」は、時間がかかりすぎだと私は思う。そのような艱難辛苦の「陸行」を選ばなくても、九州北岸を「陸行」の後、関門海峡、周防灘の航路をたどるほうが、楽だったのではないだろうか。

◆卑弥呼と宇佐王国　清輔道生　1995（平成七）年

清輔道生《きよすけみちお》は1925（大正十四）年、東京都生まれ。元慶應義塾幼稚園舎教諭とのこと。冒頭に、まとめの一文がある。

——古代宇佐王国の勃興から平安末期までの宇佐氏盛衰にかかる主要な事件の概略を本筋にし、併せて、宇佐神宮の古代史にかかわる諸問題の解明を補説したのが本書である」

また、卑弥呼についての次の一文も、耳になじみやすい。

——秀れた巫女だったので、各地の住民から崇拝・敬信されたと思う。それだけでなく、倭人国の最高神である日神であり、最高統治者の天君であるアマテラス大神の姫御子という貴種だったので、「姫御子・日御子・日巫女」からヒミコと尊称され、中国人がそれを卑弥呼と漢字で現わした（原文ママ）ものだろう。

そして、この本で清輔道生がたびたびとりあげる『ホツマツタヘ』は初耳だ。「景行《けいこう》天皇の御代に、神代から同天皇までの諸事を綴り、オオ・タタネコが献上した大叙事詩」だそうで、「ホツマ文字」をつかい、五七調で書かれた一万行にものぼる韻文だという。

「ホツマ文字」は、丸、三角、四角、菱形などをベースにした幾何学模様で、「太古からある日本の固有文字（神代文字）」とのことである。

◆**邪馬台国の位置と日本国家の起源　鷲﨑弘朋　1996（平成八年）年**

刊行時以前の「邪馬台国論争」に対し、ほぼ全面的に目を配った、670ページにもおよぶ大作である。地図・図表もふんだんに挿入されており、外観といい、本文ページの雰囲気といい、辞書や事典を思わせる。しかも、文字が大きくて読みやすい。

以下の指摘は、簡潔によくまとめた文だと思う。

――位置問題の解決は日本国家の起源という重大な問題につながる。

――卑弥呼の都が北九州であれば、三世紀の倭国とは九州を指すことになるので、統一国家はまだ成立していなかったことになる。

――邪馬台国九州説の場合、その後の国家形成のシナリオは、卑弥呼の後継者が東征して畿内の大和の勢力を打ち破り、新たな政権を畿内大和に建設したとする説が有力である。

また、宇佐地方にもかなり古くから「ヤマト」という地名があったことは古文書で確認できるそうだ。『卑弥呼』の著者・富来隆が、鎌倉中期の「山戸」や南北朝時代の「ヤマト」を旧家に伝わる文書のなかに発見したと、昭和二十九（１９５４）年発行の史学雑誌で発表している――と鷲崎弘朋《わしざきひろとも》はいう。

著者の鷲崎弘朋は、１９４２（昭和十七）年、広島市生まれ。東京大学法学部卒。企業に就職して立身出世した人。２０１４（平成二十六）年十月に第一回全国大会を開いた全国邪馬台国連絡協議会の会長をつとめる。

巻末には「倭人伝」の原文をはじめ「後漢書東倭列伝」「宗書倭国伝」「隋書倭国伝」「新唐書倭国日本伝」「前漢書地理志」「魏略逸文」「晋書四夷伝・倭人」の原文が掲載されており、まさに〝邪馬台国本の決定版〟といった趣である。

したがって、読んでいくと、小さな疑問の一つが解けたり、新たな事実に出会ったりする。

たとえば、榎一雄の「放射状行程説」の発表について、さまざまな既刊書において「昭和二十二（１９４７）年」と「昭和三十五（１９６０）年」に分かれているのはなぜか――の理由がわかり、かつ「昭和二十二（１９４７）年」が初出であることを教えてくれる。

新たな事実としては、「邪馬台国＝宇佐」説を発表している人が、私が把握していた一二人にとどまらないことを教えられた。

『邪馬台国の位置と日本国家の起源』は、おもに「方位」「距離」「日数」の謎を解いていくことで宇佐にたどり着く――という論究にはなっていない。

鷲崎弘朋は、次のようなわかりやすい説明を行っている。

――豊前説の先人は皆、宇佐神宮と邪馬台国の関係に言及している。筆者もまた邪馬台国、宇佐神宮、『古事記』『日本書紀』の日本神話の三者間の関係に言及せざるをえない。そしてこの三者間の関係を鮮明にすることにより邪馬台国＝中津・宇佐説（豊前説）は神話・伝承からも裏付けられ、正当性を確立することになろう。

インターネットで「卑弥呼と宇佐神宮比売《ひめ》大神」と検索すると、2010（平成二十二）年から一年にわたって雑誌に連載――という鷲崎弘朋の近年の論を読むこともできる。

◆邪馬台国はどこにあったか　久保田穣　1997（平成九）年

大分県南部説とのことで、「宇佐説」ではないが、「考古学より何よりも、まず倭人伝によって考えるべきだ」という立場で書かれており、気軽に読めるので、ここにご登場いただいた。

1926（大正十五）年生れ。東京大学法学部卒。1952（昭和二十七）年に弁護士登録。このように巻末に記され、「海なし県に生まれたので、船のことはわからない」と本文中にある。また「季刊 邪馬台国」（梓書院）の古くからの読者だそうだ。

「倭人伝の日程記事」により、伊都国（今の糸島市）↓（朝倉市）↓（日田市）↓（大分市）↓（臼杵市または佐伯市）が「陸行一月」で、これは伝聞。伊都国（今の糸島市）↓関門海峡↓周防灘↓

（臼杵市または佐伯市）が「水行十日」で、実際に使者がたどったコース――というふうに久保田譲は論じている。

年表

世紀	西暦	魏の年号	倭の出来事	中国・朝鮮半島の出来事
一世紀	57年		委奴国王が後漢へ遣使。光武帝から金印をもらう。	
二世紀	175年頃		卑弥呼、生まれる。	
	184年			黄巾《こうきん》の乱
	184年頃～		倭の国内が戦乱状態となる（倭国大乱）。	
	189年		卑弥呼が倭の女王に共立される。	
	220年	黄初　一年		後漢が滅び、魏・蜀・呉の三国時代となる。
	226年	黄初　七年		魏の初代皇帝・文帝が亡くなり、長男が後を継いで明《めい》帝を名のる。
	233年	青龍　一年		陳寿、生まれる。没年は297年。

三世紀	239年	景初　三年	卑弥呼が魏へ遣使。「親魏倭王」の称号と金印、多数の銅鏡などを明帝からもらった。使節の代表は難升米と牛利。	明帝が亡くなり、養子で八歳の曹芳が新しい皇帝となる。
	240年	正始　元年	難升米と牛利が帰国。帯方郡より梯儁が同行。魏皇帝の詔書、金印、回賜品を梯儁が持参。	
	243年	正始　四年	卑弥呼が魏へ二回目の遣使。代表は伊声耆と掖邪狗。	
	245年	正始　六年		黄幢を「難升米に授ける」といって、魏の皇帝が帯方郡に預けた。
	247年	正始　八年	狗奴国と戦っていることを知らせるために、邪馬台国が帯方郡へ遣使。	黄幢を届ける使者・張政を帯方郡が邪馬台国へ派遣。
	247年以降		卑弥呼が亡くなる。	
			倭の国内が乱れる。	
			卑弥呼の宗女・台与（一三歳）が女王に即位。倭に平安が戻る。	

三世紀	255年以降	正元二年頃	台与が、張政を送り、かつ魏に朝貢する使節を派遣。代表は掖邪狗。	
	263年	景元　四年		魏の司馬昭が蜀を滅ぼす。
	265年	泰始　一年		魏が滅ぶ。司馬炎（司馬昭の長男）が皇帝（武帝）となって晋を建国。
	266年	泰始　二年	台与が晋へ遣使。	
	280年	太康　一年		晋が呉を併合し、中国を統一。
	280年頃			陳寿、『三国志』の執筆・編纂に着手。
四世紀中頃			ヤマト政権がほぼ全国を統一。	
五世紀	432年			『後漢書』「東夷伝倭人条」

七世紀	607年		第一回遣隋使	
	630年		第一回遣唐使。代表は犬上《いぬかみの》御田耜《みたすき》。	
	663年			白村江の戦いで、倭が唐・新羅の連合軍に敗れる。百済が滅びる。
八世紀	701年		倭から日本へ国号を変更。	
	712年		『古事記』（平安初期との説もある）	
	720年		『日本書紀』	
	727年			第一回渤海使が日本の出羽に漂着。

あとがき

本書は、前人未踏の「九州北上 回帰説」によって、邪馬台国位置論争に結着をつけた古代史紀行です。「南へ水行二十日／南へ水行十日 陸行一月／残るは一三〇〇里足らず」という支離滅裂で難攻不落だった難関を、正面突破して、邪馬台国のあった場所に行きつきました。途中、節目節目で不思議な新発見、思いがけない出会いが、私を救ってくれました。

皆様ご承知のとおり、邪馬台国の研究は、優れて地理学の領域にも踏み入れています。私は、『まぼろしの邪馬臺國』で高名な宮﨑康平の執念、魂、闘志を乗せた島原鉄道で産湯をつかい、長崎市、福岡市、下関市、広島市、東京都――と東遷する人生を送りました。国内の旅なら、幼時から人後に落ちない経験を積み重ねてきました。列車・バス・船・自転車などをとことん活用して、四季を通して全国津々浦々をめぐりつづけてきました。「方位」「距離」「日数」への感覚は日本中におよんでいます。

不彌国、すなわち今の下関市（平成の大合併前のエリア）は九州です。北九州市の海岸に立てば、すぐ向こうに下関市が見えます。邪馬台国論争のなかで赤間関が忘れられていることには首をかしげざるを得ません。旅行者として初めて下関市をおとずれる方は、やや唐突ながら、ここがテレビ・ラジオの多チャンネル地帯であることに驚かれるはずです。日本一といってもいいかもしれません。電波の発信元は山口県内と福岡県内の放送局であり、さらに朝鮮半島・大陸のまだ見ぬ土地でもあります。

昨秋、長崎から羽田まで空を飛びました。雲が切れて、かなたに北九州空港が見えてきたと思ったら、足下は宇佐平野です。駅館川や国東半島北岸が、日本地図に描かれているとおりの形で見えて、今まさに女王国の真上を飛んでいるのでした。「東へ、海をわたること千余里」で松山市です。しまなみ海道の巨大吊り橋、瀬戸大橋、明石海峡大橋もよく見えて、ちょうど、序章（1）を逆コース、1万メートルの高低差でおさらいする空の旅となりました。まことに感動的な鳥瞰のひとときでした。

本書を購入してここまでお読みくださった方々に、心よりお礼申し上げます。

邪馬台国をテーマに研究をつづけ、その成果を著書にして発表してくださっている先生方や先達の皆様に、限りない敬意を表するとともに、深く感謝いたします。

遅れてはせ参じた「九州北上 回帰説」を世に送りだしてくださった方は、まず全国邪馬台国連絡協議会の会長・副会長・理事の皆様です。厚くお礼申し上げます。そして、グラフィックデザイナーであり歴女でもあるいなだゆかりさん（株式会社PIG-D'S）です。彩流への水先案内で定評ある出版社・彩流社の竹内淳夫さんを説いて「九州北上 回帰説」の上梓を実現してくださいました。この場をお借りして、竹内さん、いなださん、ほんとうにありがとうございました。

人生の卒論を提出したような、さっぱりした気もちが胸に広がっています。

2016（平成二十八）年一月

和田 潤

参考図書・資料

書籍で、増刷の数字がないものは初版です。

『新版まぼろしの邪馬臺國』　宮﨑康平　著（講談社）　１９８０年 4刷

『まぼろしの邪馬台国』　宮﨑康平　著（講談社）　１９７４年 29刷

『神々のふるさと』　宮﨑康平　著（講談社）　１９８１年

『魏志倭人伝の謎を解く』　渡邉義浩　著（中公新書）　２０１２年

『倭国』　岡田英弘　著（中公新書）　２０１２年 36版

『激変！ 日本古代史』　足立倫行　著（朝日新書）　２０１０年

『研究最前線 邪馬台国
　いま、何が、どこまで言えるのか』（朝日選書）　２０１１年

『ここまでわかった！ 邪馬台国』（新人物文庫）　２０１１年

『邪馬台国論争』　佐伯有清　著（岩波新書）　２０１１年 5刷

『邪馬台国への道』　安本美典　著（筑摩書房）　１９６７年

『新版・卑弥呼の謎』　安本美典　著（講談社現代新書）　１９８８年

『古代年代輪が解く邪馬台国の謎』　安本美典　著（勉誠出版）　２０１３年

『邪馬台国をとらえなおす』　大塚初重　著（講談社現代新書）　２０１２年

『古代史おさらい帖』　森　浩一　著（ちくま学芸文庫）　２０１１年

『邪馬台国とは何か』　石野博信　編（新泉社）　２０１２年

『卑弥呼』　富来　隆　著（学生社）　１９７０年

『邪馬台国の研究』　重松明久　著（白陵社）　１９６９年

『邪馬台国宇佐説を立証する』　中野　定　著　１９７０年

『邪馬台国の所在とゆくえ』　久保　泉　著（中央公論事業出版）　１９７０年

『邪馬台国と豊王国』 安藤輝国 著（浪速社） 1973年 2刷

『邪馬台国は大和でない』 市村其三郎 著（新人物往来社） 1973年

『古代国東文化の謎』 中野幡能 著（新人物往来社） 1974年

『伝説で解く邪馬台国』 神西秀憲 著（新人物往来社） 1975年

『気候の語る日本の歴史』 山本武夫 著（そしえて） 1976年

『邪馬台国の秘密』 高木彬光 著（東京文藝社） 1976年

『古代日本の航海術』 茂在寅男 著（小学館） 1979年

『深き誓いの邪馬台国』 高橋ちえこ著（葦書房） 1981年

『宇佐邪馬台国』 高橋ちえこ著（葦書房） 1984年

『『魏志・倭人伝』旅程記事の「分離式読み方」の提唱』 伊勢久信 著 1984年

『卑弥呼伝説』 井沢元彦 著（実業之日本社） 1991年

『邪馬台国への行程』 平塚弘之 著（日本国書刊行会） 1993年

『卑弥呼と宇佐王国』 清輔道生 著（彩流社） 1995年

『邪馬台国の位置と日本国家の起源』 鷲﨑弘朋 著（新人物往来社） 1996年

『邪馬台国はどこにあったか』 久保田穰 著（プレジデント社） 1997年

『邪馬台国に都した倭王卑弥呼』 近藤勝 著（文芸社） 2001年

『陸行水行』 松本清張 著（文藝春秋社） 1962年

『邪馬台国 清張通史①』 松本清張 著（講談社文庫） 2013年 31刷

『古代幻視』 梅原猛 著（文藝春秋） 1992年

『日輪』 横光利一 著（春陽堂） 1924年

『邪馬台国 中国人はこう読む』 謝銘仁 著（立風書房） 1987年 3刷

『邪馬台国と地域王国』 門脇禎二 著（吉川弘文館） 2008年

『秘められた邪馬台国』 八尋秀喜 著（梓書院） 2012年 5刷

『道中記 卑弥呼の都 邪馬台国』 八尋秀喜 著（風詠社） 2013年 4刷

『評釈 魏志倭人伝』 水野 祐 著（雄山閣出版） 1987年

『邪馬台国の数学と歴史学』 半沢英一 著（ビレッジプレス） 2011年

『邪馬台国時代のツクシとヤマト』 奈良県香芝市二上山博物館 編（学生社） 2006年

『卑弥呼の墓』 原田大六 著（六興出版） 1977年

『海からみた卑弥呼女王の時代』 道家庫之助 著（歴研） 2007年

『日本の古代3 海をこえての交流』 （中央公論社） 1986年

『海人の伝統』 （中央公論社） 1987年

『海と列島文化3 玄界灘の島々』 宮田 登 ほか 著（小学館） 1990年

『海と列島文化9 瀬戸内の海人文化』 大林太良 ほか 著（小学館） 1991年

『日本航海術史』 飯田嘉郎 著（原書房） 1980年

『古代日本の軍事航海史 上巻』 松枝正根 著（かや書房） 1993年

『魏志倭人伝の航海術と邪馬台国』 遠沢 葆 著（成山堂） 2003年

「弥生人の船」 （大阪府立弥生文化博物館） 2013年

『道が語る日本古代史』 近江俊秀 著（朝日選書） 2012年

『日本の名著15 新井白石』 （中央公論社） 1969年

『復古神道』 井上哲次郎／上田萬年 監修 （大日本文庫刊行会） 1936年

「歴史読本 昭和五十九年九月号」 （新人物往来社） 1984年

「季刊 邪馬台国95号」 安本美典 編（梓書院） 2007年

「週刊 神社紀行15 宗像大社」（学習研究社）2003年
「週刊 神社紀行 6 宇佐神宮」（学習研究社）2002年
『八幡神と神仏習合』逵日出典 著（講談社現代新書）2015年 3刷
『古代史謎解き紀行Ⅲ 九州邪馬台国編』関 裕二 著（新潮文庫）2014年
『邪馬台国 魏使が歩いた道』丸山雍成 著（吉川弘文館）2009年
『「邪馬台国」は豊後国だった』太田 亘 著（坂ノ市史談会）1980年
『桜島は知っていた 別冊① 元祖邪馬台国への道』江口さくら 著（高城書房）2013年
『魏志倭人伝二〇〇〇字に謎はない』相見英咲 著（講談社）2002年
『邪馬台国と「鉄の道」』小路田直泰 著（洋泉社歴史新書）2011年
『邪馬台国が見えてきた』武光 誠 著（ちくま新書）2000年
『一冊でわかる古事記』武光 誠 著（平凡社新書）2012年
『日本書紀 上』宇治谷孟 著（講談社学術文庫）1996年 18刷
『秘められた日本古代史 [illegible]』松本善之助 著（毎日新聞社）1980年
『秘められた日本古代史（続）[illegible]』松本善之助 著（毎日新聞社）1986年
『知られざる古代日本』鳥居 礼 著（東京フォレスト出版）1999年
『倭国伝』藤堂明保／竹田 晃／景山輝國（講談社学術文庫）2013年 10刷
『最新 日本考古学用語辞典』大塚初重／戸沢充則 編（柏書房）1996年
『豊後国風土記 肥前国風土記』（山川出版社）2012年 3刷
『角川地名大辞典 29奈良県／同26京都府／
同27大阪府／同28兵庫県／同35山口県／
同40福岡県／同42長崎県／同44大分県／

同45宮崎県／同46鹿児島県』 （角川書店） 1978年〜
『日本歴史地名大系41 福岡県の地名／同45大分県の地名』 （平凡社） 1995年〜
『渤海国』 上田 雄 著（講談社学術文庫） 2012年 6刷
『遣唐使全航海』 上田 雄 著（草思社） 2006年
「日本の帆船史 遣唐使船時代」 古柴保之 著（月刊新自由クラブ） 1984年
『遣唐使の光芒』 森 公章 著（角川選書） 2010年
『下関市史』 （下関市） 1964年〜
「弥生の装い」 （下関市立考古博物館） 1999年
「倭人、文字と出会う」 （下関市立考古博物館） 2000年
「東アジアのなかの下関――近世下関の対外交渉」 （下関市立長府博物館） 1996年
「海港都市下関――海峡・海道・街道」 （下関市立長府博物館） 2002年
『関門海峡』 古川 薫 著（新日本教育出版） 1993年
『関門海峡渡船史』 澤 忠宏 著（梓書房） 2004年
『北九州市史』 （北九州市） 1985年〜
『アクロス福岡文化誌1 街道と宿場町』 （アクロス福岡文化誌編纂委員会） 2007年 2刷
『宗像市史』 （宗像市） 1999年〜
「温故 第51号／同 第52号」 （甘木歴史資料館） 2012年〜
「大分県立歴史博物館 総合案内」 （大分県立歴史博物館） 2014年 3版
「室津と参勤交代」 （たつの市教育委員会） 2006年
『北前船』 （読売新聞北陸支社） 1997年
『海の総合商社 北前船』 加藤貞仁 著（無明舎出版） 2003年

『日本海の商船 北前船とそのふる里』 牧野隆信 著 （加賀市まちづくり課文化振興室） ２００８年 ８版
「加賀市の船絵馬」 （加賀市教育委員会） ２０１３年
「引札の世界 北前船がもたらした華麗なる広告チラシ」 （加賀市教育委員会） ２０１２年 ２版
『江戸の「邪馬台国」』 安本美典 著 （柏書房） １９９１年
『江戸時代の大阪海運』 （大阪市海運局） １９６２年
「北前船と大阪」 （大阪市立博物館） １９８３年
『江漢西遊日記』 司馬江漢 著 （東洋文庫） ２０１０年 ４刷
『韃靼漂流記』 園田一亀 編 （東洋文庫） ２００８年
『日本の名著25 西域物語』 本多利明 著 （中央公論社） １９７２年
『徳川幕府はなぜ朝鮮王朝と蜜月を築けたのか』 康 熙奉 著 （実業之日本社） ２０１４年
『日本の近世 ３ 支配のしくみ／同 ７ 身分と格式』 （中央公論社） １９９１年
『徳川幕府事典』 竹内 誠 編 （東京堂出版） ２００３年
『海の国の記憶 五島列島』 杉山正明 著 （平凡社） ２０１５年
『船の世界史』 上野喜一郎 著 （舵社） １９８０年
『小学館入門百科シリーズ 船なんでも入門』 （小学館） １９８０年
『ものと人間の文化史 和船Ⅰ／同Ⅱ』 石井謙治 著 （法政大学出版局） １９９５年
『万有ガイドシリーズ11 帆船』 （小学館） １９８１年
『ビジュアルでわかる船と海運の話』 拓海広志 著 （成山堂書店） ２００７年
『カラー図解 東洋医学 基本としくみ』 仙頭正四郎 監修 （西東社） ２０１３年
『日本大百科全書』 （小学館） １９８６年
『詳説 日本史』 （山川出版社） ２０１４年

『ジュニア・ワイド版 日本の歴史1』 （集英社） 1990年
『人物・遺産でさぐる日本の歴史② 大和の国の誕生』 古川清行 監修・著（小峰書店） 1998年
『古墳をしらべる』 古川清行 監修・著（小峰書店） 1995年
『読む日本の歴史 1』 （あすなろ書房） 2009年
『日本鉄道名所7 山陰線 山陽線 予讃線／同8 鹿児島線 長崎線 日豊線』 （小学館） 1986年〜

利用した図書館

国立国会図書館
国分寺市立もとまち図書館
国分寺市立本多図書館
小金井市立中央図書館
小金井市立図書館貫井北分室
府中市立中央図書館
大阪府立中之島図書館
下関市立中央図書館
北九州市立中央図書館
福岡県立図書館
宇佐市立宇佐市民図書館

観覧した博物館・資料館

酒田市立資料館
北前船の里資料館
東京国立博物館
守山市立埋蔵文化財センター
京都国立博物館
唐古・鍵ミュージアム
たつの市立室津海駅館
たつの市立室津民俗館
下関市立長府博物館
下関市立考古博物館
北九州市立埋蔵文化財センター
宗像大社神宝館
九州国立博物館
甘木歴史資料館
大分県立歴史博物館

見学した遺跡・古墳

纒向遺跡　箸墓古墳
唐古・鍵遺跡史跡公園
楯築墳丘墓
綾羅木郷遺跡　仁馬山古墳
水城址
平塚川添遺跡
吉野ヶ里歴史公園

閲覧したおもなインターネット・ホームページ

地理院地図
Wikipedia
邪馬台国大研究
九州の遺跡・古墳
全国邪馬台国連絡協議会

● 著者プロフィール

和田　潤　**わだ じゅん**

紀行作家。1949（昭和24）年11月、長崎県諫早市生れ。長崎市で幼年期を、福岡市で幼年・少年期を、下関市で少年・青年期を送り、広島大学教育学部教育学科卒。東京の出版社の雑誌編集部に勤務の後、1979（昭和54）年よりフリーの立場で旅・鉄道をテーマとする出版物の執筆・編集にたずさわっている。これまでの紀行作品に『大人の青春18きっぷのんびり旅行術』（河出書房新社）、『ローカル線各駅下車の旅』（ちくま文庫書下ろし）などがある。月刊『旅』（日本交通公社）、『週刊鉄道の旅』（講談社）、『週刊鉄道絶景の旅』（集英社）、『日本の名随筆』（作品社）などに寄稿。

邪馬台国《やまたいこく》 再発掘《さいはっくつ》の旅《たび》 「距離《きょり》・方位《ほうい》・日数《にっすう》の謎《なぞ》」が動《うご》いた

2016年2月25日発行　　定価は、カバーに表示してあります。

著　者　和田　潤
発行者　竹内淳夫

発行所　株式会社 彩　流　社

〒102-0071 東京都千代田区富士見2-2-2
TEL 03-3234-5931 FAX 03-3234-5932
ウェブサイト http://www.sairyusha.co.jp
E-mail sairyusha@sairyusha.co.jp

印刷　明和印刷（株）
製本　（株）村上製本所
装丁　いなだ ゆかり

ISBN 978-4-7791-2211-8 C0021